BARUCH DE
ESPINOSA

Breve tratado
de Deus, do homem
e do seu bem-estar

FILŌESPINOSA

autêntica

BARUCH DE
ESPINOSA

Breve tratado
de Deus, do homem
e do seu bem-estar

2ª edição
3ª reimpressão

PREFÁCIO
Marilena Chaui

INTRODUÇÃO
Emanuel Angelo da Rocha Fragoso
Ericka Marie Itokazu

TRADUÇÃO E NOTAS
Emanuel Angelo da Rocha Fragoso
Luís César Guimarães Oliva

Copyright © 2012 Autêntica Editora

Título original: *Korte Verhandeling van God, de Mensch en deszelfs Welstand*

Todos os direitos reservados pela Autêntica Editora Ltda. Nenhuma parte desta publicação poderá ser reproduzida, seja por meios mecânicos, eletrônicos, seja via cópia xerográfica, sem a autorização prévia da Editora.

COORDENADOR DA COLEÇÃO FILÔ
Gilson Iannini

COORDENADORES DA SÉRIE FILÔ/ESPINOSA
André Menezes Rocha, Ericka Marie Itokazu e Homero Santiago

CONSELHO EDITORIAL
Gilson Iannini (UFOP); Barbara Cassin (Paris); Carla Rodrigues (UFRJ); Cláudio Oliveira (UFF); Danilo Marcondes (PUC-Rio); Ernani Chaves (UFPA); Guilherme Castelo Branco (UFRJ); João Carlos Salles (UFBA); Monique David-Ménard (Paris); Olímpio Pimenta (UFOP); Pedro Süssekind (UFF); Rogério Lopes (UFMG); Rodrigo Duarte (UFMG); Romero Alves Freitas (UFOP); Slavoj Žižek (Liubliana); Vladimir Safatle (USP)

EDITORA RESPONSÁVEL
Rejane Dias

TRADUÇÃO
Emanuel Angelo da Rocha Fragoso e Luís César Guimarães Oliva

REVISÃO TÉCNICA
Ericka Marie Itokazu

REVISÃO
Dila Bragança de Mendonça

PROJETO GRÁFICO DE CAPA E MIOLO
Diogo Droschi

DIAGRAMAÇÃO
Conrado Esteves

**Dados Internacionais de Catalogação na Publicação (CIP)
(Câmara Brasileira do Livro, SP, Brasil)**

Espinosa, Baruch de, 1632-1677.
  Breve tratado de Deus, do homem e do seu bem-estar / Baruch de Espinosa ; prefácio Marilena Chaui ; introdução Emanuel Angelo da Rocha Fragoso, Ericka Marie Itokazu ; tradução e notas Emanuel Angelo da Rocha Fragoso, Luís César Guimarães Oliva. – 2. ed. ; 3. reimp. – Belo Horizonte : Autêntica, 2024. – (Coleção FILÔ/Espinosa)

  Título original: Korte Verhandeling van God, de Mensch en deszelfs Welstand
  ISBN 978-85-513-0754-0

  1. Filosofia 2. Deus 3. Ética 4. Espinosa, Baruch de,1632-1677. Breve tratado de Deus, do homem e do seu bem-estar I. Chaui, Marilena. II. Fragoso, Emanuel Angelo da Rocha. III. Itokazu, Ericka Marie. IV. Oliva, Luís César Guimarães. V. Título. VI. Série.

12-07385   CDD-149.7

Índices para catálogo sistemático:
1. Espinosismo : Filosofia   149.7

Belo Horizonte
Rua Carlos Turner, 420
Silveira . 31140-520
Belo Horizonte . MG
Tel.: (55 31) 3465 4500

São Paulo
Av. Paulista, 2.073 . Conjunto Nacional
Horsa I . Sala 309 . Bela Vista
01311-940 . São Paulo . SP
Tel.: (55 11) 3034 4468

www.grupoautentica.com.br
SAC: atendimentoleitor@grupoautentica.com.br

Sumário

7. Prefácio – Breve relato
Marilena Chaui

19. Introdução
Emanuel Angelo da Rocha Fragoso
Ericka Marie Itokazu

Breve tratado de Deus, do homem e do seu bem-estar

47. Prefácio

49. Primeira Parte: de Deus e de quanto Lhe pertence

49. Capítulo I: que Deus existe [é]

54. Capítulo II: o que Deus é

63. Diálogo entre o Intelecto, o Amor, a Razão e a Concupiscência

66. Segundo Diálogo

70. Capítulo III: que Deus é causa de tudo

72. Capítulo IV: das obras [ações] necessárias de Deus

75. Capítulo V: da providência de Deus

76. Capítulo VI: da predestinação de Deus

79. Capítulo VII: dos atributos que não pertencem a Deus

83. Capítulo VIII: da Natureza Naturante

84. Capítulo IX: da Natureza Naturada

86. Capítulo X: o que são o bem e o mal

89. Segunda Parte: do homem e de quanto lhe pertence

89. Prefácio [Segunda parte]

92. Capítulo I: da opinião, da crença e do saber

94. Capítulo II: o que são a opinião, a crença e o conhecimento claro

95. Capítulo III: origem da paixão. Da paixão vinda da opinião

98. Capítulo IV: o que procede da crença.
E do bem e do mal do homem

101. Capítulo V: do amor

104. Capítulo VI: do ódio

106.	Capítulo VII: da alegria e da tristeza
107.	Capítulo VIII: da estima e do desprezo, etc.
109.	Capítulo IX: da esperança, do medo, etc.
112.	Capítulo X: do remorso e do arrependimento
113.	Capítulo XI: da zombaria e do gracejo
114.	Capítulo XII: da honra, da vergonha e do despudor
116.	Capítulo XIII: do apreço, da gratidão e da ingratidão
117.	Capítulo XIV: do pesar; e do bem e do mal nas paixões
119.	Capítulo XV: do verdadeiro e do falso
121.	Capítulo XVI: da vontade
125.	Capítulo XVII: da diferença entre a vontade e o desejo
127.	Capítulo XVIII: das utilidades do que precede
129.	Capítulo XIX: da nossa felicidade, etc.
135.	Capítulo XX: confirmação do anterior
138.	Capítulo XXI: da razão
140.	Capítulo XXII: do conhecimento verdadeiro, do renascimento, etc.
143.	Capítulo XXIII: da imortalidade da mente
144.	Capítulo XXIV: do amor de Deus pelo homem
148.	Capítulo XXV: dos demônios
149.	Capítulo XXVI: da verdadeira liberdade, etc.
153.	[Conclusão]
155.	**Apêndice: Demonstração geométrica**

Breve compêndio do tratado de Baruch de Espinosa, de Deus, do homem e do seu bem-estar

165.	Breve compêndio *Johannes Monnikhoff*
173.	**Glossário da tradução**

Prefácio
Breve relato

Marilena Chaui[1]

"Um manuscrito, naturalmente."
Umberto Eco, *O nome da rosa*

Haia, fevereiro de 1677. Na véspera de sua morte, ocorrida em 21 de fevereiro de 1677, Espinosa reuniu um conjunto de inéditos que confiou ao seu médico e amigo Lodewijk Meijer. Depois que este partiu, o filósofo passou algum tempo queimando papéis. O que terá destruído? Por quê? Talvez nunca venhamos a saber.

★ ★ ★

Era o ano de 1703. Os doutores Stolle e Halmann, vindos da Alemanha, visitavam a Holanda em busca de notícias sobre Espinosa. O que os fizera empreender a viagem? Afinal, em novembro de 1677, fora publicada a obra póstuma do filósofo tanto em latim, com o título de *B. de S. Opera Posthuma,* como em holandês, intitulada *De Nagelate Schriften van B.d.S*, e os dois amigos íntimos de Espinosa, Jarig Jelles e Lodewijk Meijer, organizadores dessas edições, afirmaram haver publicado tudo quanto julgaram digno de valor. O que esperavam encontrar? Teria a curiosidade dos dois viajantes sido aguçada por uma

---

[1] Marilena Chaui é filósofa e professora titular da Faculdade de Letras e Ciências Humanas da USP (FFLCH).

passagem do prefácio de Jelles, na qual este sugeria não ser impossível que se pudesse encontrar junto aos amigos e conhecidos de Espinosa outros escritos, como, por exemplo, um pequeno tratado sobre o cálculo algébrico do arco-íris?

A viagem foi proveitosa. Chegados a Amsterdã, Stolle e Halmann dirigiram-se à editora da obra espinosana e ali se encontraram com o filho do editor Rieuwertsz, responsável pelas edições de 1677. Qual não foi sua agradável surpresa, relataram eles mais tarde, quando Rieuwertsz filho lhes trouxe um manuscrito, porém não o de um tratado sobre o arco-íris, e sim, vindo "da própria mão de Espinosa, uma *Ética* em holandês", primeira versão da *Ética* em latim, "tal como Espinosa a havia composto inicialmente". O manuscrito não estava redigido em forma geométrica, mas "dividido em capítulos e desenvolvido de maneira contínua como o *Tratado teológico-político*". Por que não se encontrava nos *Opera Posthuma* nem nos *Nagelate Schrfiten*, perguntaram intrigados? Rieuwertsz filho, repetindo o que ouvira de seu pai, o qual lhe dissera o que ouvira de Jelles e Meijer, contou-lhes que estes julgaram que a publicação da *Ética* geométrica tornava dispensável a do manuscrito holandês, simples esboço da obra magna. Assim, embora os dois amigos do filósofo conhecessem esse manuscrito, nunca fora publicado porque, no dizer de Rieuwertsz filho, "a *Ética* impressa estava melhor acabada do que a manuscrita e era mais formosa do que esta", um tanto prolixa e de linguagem mais descuidada.

Do encontro com o livreiro, Stolle e Halmann propalaram a distinção entre a "*Ética* latina impressa" e seu esboço manuscrito ou a "*Ética* holandesa não impressa". Essa distinção acabaria resultando numa confusão: de fato, Rieuwertsz filho assinalara aos dois visitantes que havia no manuscrito um capítulo inexistente na *Ética* impressa, o capítulo 21, intitulado "Sobre o diabo". Divulgada essa notícia, alguns editores alemães da obra de Espinosa acreditando que a "*Ética* holandesa" era um esboço inicial da "*Ética* latina", julgaram que faltaria apenas publicar aquele capítulo como um suplemento para que a obra ficasse completa. O capítulo 21 nunca foi publicado, porém, sem que se saiba como nem por que, daí em diante ele foi confundido com o manuscrito, que passou a ser denominado *Tratado sobre o diabo*.

Todavia, uma reviravolta estava para acontecer.

Corria o ano de 1851. De passagem por Amsterdã, um outro estudioso alemão, Boehmer, encontrou na livraria de F. Muller uma cópia holandesa da biografia de Espinosa, escrita por Köhler (mais conhecido como Colerus), *A verdade da Ressurreição de Jesus Cristo defendida contra B. de Spinoza e seus seguidores, com a vida desse famoso filósofo,* publicada em 1706. A cópia que Boehmer tinha diante dos olhos era manuscrita, e nela estavam incluídas as *Anotações* de Espinosa ao *Tratado teológico-político,* e dois outros escritos: uma *Nota,* que dava ciência da existência de um manuscrito de uma obra espinosana não publicada e um *Compêndio* ou sumário do seu conteúdo.

Retomando alguns pontos do relato que, tempos antes, haviam feito Stolle e Halmann, dizia a *Nota:*

> Nas mãos de alguns amantes da filosofia, conserva-se um *Tratado manuscrito* de Espinosa, que, embora não esteja composto em forma geométrica como sua *Ética* impressa, entretanto contém os mesmos pensamentos e argumentos. Por seu estilo e por sua construção, é fácil ver que se trata de uma das primeiríssimas obras do autor, que dela se serviu como um esboço de seu pensamento para compor sua *Ética*. Ainda que esta contenha as mesmas coisas, porém mais elaboradas e extensas, em ordem geométrica, todavia, sendo o método matemático muito raro e inusitado em metafísica e poucos os homens nisso especialistas, torna-se muito mais obscura para a maioria do que este *Tratado,* do qual apenas o início do Apêndice, numa pequena parte, está composto segundo essa ordem [...] Além dessa obra, também estão em meu poder diversas *Anotações* e adições de Espinosa a vários lugares do *Tratado teológico-político,* que acrescentaremos após a biografia, depois de darmos um *Compêndio breve* do tratado manuscrito acima mencionado.[2]

Em 1852, ainda que ignorando quem seria o autor da *Nota* e do *Compêndio breve,* Boehmer os publicou em sua versão original holandesa, acompanhados de uma tradução em latim. Fundado nos textos da nota e do sumário, Boehmer teceu comentários em que salientava a

---

[2] E. Boehmer Benedicti de Spinoza Tractatus de Deo. *Apud* Fillipo Mignini "Introduzione", *Breve trattato su Dio, l'Uomo e il suo bene.* Japadre Edittore, L'aquila, 1986, p. 14.

influência de Descartes na teoria espinosana das paixões e considerava o Apêndice geométrico do tratado manuscrito idêntico ao conjunto de oito proposições da versão da *Ética* que Espinosa enviara a Oldenburg em setembro de 1661, inferindo disso que o manuscrito deveria estar escrito nessa época. Além de ser o primeiro a propor uma data para a composição do manuscrito, Boehmer inferiu do sumário que o texto original de Espinosa havia sido escrito em latim e não em holandês, pondo em questão a existência de uma "*Ética* em holandês" redigida pelo filósofo.

Ora, logo depois da publicação de Boehmer, eis que, em Amsterdã, o livreiro Muller arremata num leilão uma pasta contendo um volume intitulado *Benedicti/Nagelate*, que não era senão o primeiro volume dos *Nagelate Schriften* de 1677, mas, agora, contendo em manuscrito um longo Prefácio sobre a vida e a obra de Espinosa (como seu autor se referia à reconstrução da casa da família de Espinosa, ocorrida em 1743, o prefácio deve ser posterior a essa data). Ali estavam também as *Anotações* de Espinosa ao *Tratado teológico-político* e um novo *Compêndio* ou sumário do *Tratado manuscrito*. Porém, mais importante, ali se encontrava, finalmente, uma cópia em holandês do texto completo desse tratado.

Pondo-se de acordo com Muller e afastando-se da opinião de Jelles e Meijer, o grande especialista em Espinosa, Johannes van Vloten decidiu publicar um suplemento à obra espinosana, imprimir o *Tratado manuscrito* e oferecê-lo aos leitores que, assim, "poderiam conhecer as várias maneiras como a *Ética* havia sido elaborada".

A descoberta, porém, não estava terminada. Seu ponto culminante aconteceria exatamente quando van Vloten finalizava a preparação do *Supplementum*.

O poeta e jurista de Roterdã, Adriaan Bogaers, anunciou que possuía um segundo manuscrito, redigido na caligrafia e no estilo dos textos holandeses da segunda metade do século XVII, colocado num volume onde se lia que os textos de Espinosa ali apresentados eram traduções para o holandês de textos escritos em latim. Eram eles o *Tratado teológico-político* acrescido das *Anotações* e um manuscrito que não mais era denominado de maneira indefinida como *Tratado manuscrito*, mas trazia um título preciso: *Breve tratado de Deus, do homem e do seu bem-estar – Korte Verhandeling van God, de Mensch, en deszlevs Welstand*.

Van Vloten examinou esse segundo manuscrito e observou que trazia anotações e correções gramaticais escritas pela mesma mão que copiara o manuscrito do século XVIII, adquirido por Muller, e concluiu que o copista desse manuscrito conhecera e utilizara o do século XVII. Considerando o manuscrito do século XVIII melhor acabado e elegante, decidiu manter sua publicação, ainda que recorrendo em certos casos ao seiscentista, aceitando seu título e a afirmação, encontrada em seu prefácio, de que a redação original fora feita em latim e, portanto, que os dois manuscritos eram traduções holandesas de um original latino até então não encontrado. Em 1862, foi finalmente publicado o *Supplementum* à obra de Espinosa contendo o *Cálculo algébrico do arco-íris,* o *Cálculo de probabilidades,* algumas cartas inéditas, o novo *Compêndio breve* e, em holandês e latim, o *Breve tratado,* conforme o manuscrito do século XVIII. O manuscrito do século XVII precisou aguardar até 1869, quando teve sua primeira edição, publicado por Schaarschmidt.

Desde então, o manuscrito do século XVII (possuído por Boergers) seria denominado Manuscrito A e o do século XVIII (adquirido por Muller), Manuscrito B. Mais de um século depois de suas primeiras publicações, em 1986, ao publicar a primeira edição crítica do Manuscrito A ou o *Breve tratado* propriamente dito, com análises filológicas, estilísticas e históricas, Filippo Mignini[3] organizou o conjunto dos textos que compõem a história dessa obra do jovem Espinosa, cujo original latino continua perdido. Designou o *Compêndio* mencionado por Boehmer, *Compêndio x,* e o do volume adquirido por Muller, *Compêndio* σ.[4]

Antes de indagar sobre as cópias do *Breve tratado* e os demais textos que o acompanharam ao longo do tempo, precisamos indagar por

---

[3] Trata-se de uma edição bilíngue holandês/italiano. Mignini seguiu o manuscrito A. *Korte Verhandeling van God, de Mensch, en deszlevs Welstand/Breve Trattato su Dio, l'Uomo e il suo bene. Introduzione, edizione, traduzione e commento.* Japadre Editore, L'Aquila, 1986.

[4] Há, portanto duas versões do manuscrito e duas do compêndio. Há três cópias do manuscrito: manuscrito A com σ; manuscrito B com x; e manuscrito A, sem compêndio.

que Boehmer e van Vloten,[5] no século XIX, e Gebhardt[6] e Mignini, no século XX, afirmaram ser o *Breve tratado* um texto redigido em latim por Espinosa.

Essa afirmação é, na verdade, uma tomada de posição numa polêmica em torno do manuscrito, originada por uma passagem da *Nota*, na qual se afirma que Espinosa ditou em holandês o texto. Este teria sido um conjunto de aulas que o filósofo teria ministrado em holandês aos seus amigos (o Círculo de Espinosa[7]) e que um deles teria redigido. Muitos estudiosos da obra espinosana aceitaram essa versão, alegando, entre outros argumentos, a construção do texto que, em sua opinião, seria fragmentado, pouco ordenado, como atestam, de um lado, a presença de dois diálogos inseridos entre os capítulos 2 e 3 da primeira parte, e a existência de um Apêndice geométrico, uma espécie de tentativa para organizar a exposição precedente.

No entanto, como alegaram Boehmer, van Vloten, Gebhardt e Mignini, essa opinião é inaceitável. Na verdade, ela é contrariada por cinco fatos: em primeiro lugar, não podemos esquecer que, em algumas de suas cartas, Espinosa lamenta não dominar a língua holandesa vendo-se, por isso, compelido a dirigir-se aos seus correspondentes em latim; em segundo, quando ministrou aulas a um aluno particular (Casearius) sobre a filosofia escolástica e a cartesiana, o fez em latim e assim as publicou (*Princípios da filosofia cartesiana* e *Pensamentos metafísicos*); em terceiro, a *Nota*, ao sugerir que o texto havia sido um ditado,

---

[5] Van Vloten e Gebhardt são os dois principais editores da obra completa de Espinosa. *Benedicti de Spinoza Opera quotquot reperta sunt*, org. J. Van Vloten et J. P. N. Land, Editio Tertia, Hagae Comitum, apud M. Nijhoff, 1914.

[6] *Spinoza Opera*. Im Auftrag der Heidelberger Akademie der Wissenschaften herausgegeben von Carl Gebahardt. Heidelberg, Carl Winter, 1925. 2. Auflage Heidelberg, 1972. 4 Bände.
Spinoza Opera V. Im Auftrag der Heidelberger Akademie der Wissenschaften herausgegeben von Carl Gebhardt. Heidelberg, Carl Winter, 1987.

[7] Essa expressão foi cunhada por K. O. Meinsma numa obra clássica *Espinosa e seu círculo. Spinoza en zijn Kring. Historisch-Kritsche studien over hollandsche vrijgeesten*. Haia, M. Nijhoff, 1896. *Spinoza et son cercle. Étude critique et historique sur les hétérodoxes hollandais*. Traduit du neerlandais par S. Roosenburg. Appendices latins et allemands traduits par J. P. Osier. Paris, Vrin, 1983.

contradiz o que Espinosa afirma expressamente na conclusão do tratado, onde lemos: "aos amigos para quem escrevi", além de contradizer o prefácio do Manuscrito A, que afirma que o tratado "foi escrito em língua latina para uso de seus discípulos [...] agora traduzido para a língua holandesa para os amantes da verdade"; em quarto, as análises filológicas e estilísticas indicam a forte presença de latinismos que o tradutor holandês certamente praticou para se manter o mais próximo possível do texto original; e, finalmente, em quinto, o prefácio ao volume no qual o Manuscrito A foi encontrado diz textualmente que as duas obras ali presentes – o *Tratado teológico-político* e o *Breve tratado* – eram traduções holandesas de textos em latim. A posição hoje aceita pelos estudiosos da obra espinosana é, portanto, de uma redação em latim, feita diretamente por Espinosa e traduzida para o holandês por um de seus amigos, provavelmente Johannes Bouwmeester ou Pieter Balling.

Mas, quem foram os copistas de A e B? Quando foram feitas as cópias? Quem redigiu a *Nota* e o *Compêndio* (x), publicados por Boehmer, e o segundo *Compêndio* (σ), publicado por van Vloten?

Era o ano 1865. Antonius van der Linde,[8] com base em estudos filológicos e comparações caligráficas entre manuscritos autógrafos, fez aparecer finalmente o nome do copista do Manuscrito B: o cirurgião de Amsterdã, Johannes Monnikhoff, ao qual foi atribuída a autoria da *Nota*, do *Compêndio* x e do *Compêndio* σ (os dois sumários são idênticos, a única diferença entre eles encontrando-se numa advertência final, em σ, ao declarar que o texto espinosano original fora escrito em latim e traduzido para o holandês). Além disso, foi possível determinar que Monnikhoff copiara o manuscrito A, pois a mesma mão que redigira o Manuscrito B fizera anotações marginais, correções gramaticais e pequenos comentários ao Manuscrito A. Por que Monnikhoff se deu ao trabalho de copiar um inédito de Espinosa? Alguns julgam que foi a maneira pela qual tentara defender seu amigo Willem Deurhoff e o editor de sua obra, van den Velde, processados, em 1743, sob a acusação de ideias espinosistas. Outros, porém, afirmam que tanto Monnikhoff como Deurhoff nada tinham de

---

8   Devemos a van der Linde a primeira compilação dos livros da biblioteca de Espinosa e dos estudos publicado sobre a obra do filósofo. Van der Linde, A. *Benedictus Spinoza, Bibliografie.* (1870). Nieuwkoop, B. de Graaf, 1965.

espinosistas (defendiam a transcendência de Deus e a imortalidade da alma) e, possivelmente, o primeiro defendeu o segundo fazendo entrar nas atas do processo uma cópia de um tratado de Espinosa que comprovaria o não espinosismo do amigo. Quem há de saber?

Sem dúvida, muito mais instigante é o mistério que envolve o Manuscrito A, considerado o único autêntico e do qual o Manuscrito B é uma versão literária setecentista.

Os dois manuscritos possuem exatamente o mesmo conteúdo, estão divididos em duas partes com capítulos, em ambos há dois diálogos e dois apêndices, um prefácio à Parte II e notas de rodapé. Todavia, conforme descrição de Mignini, o Manuscrito A tem o toque de duas mãos diferentes ou de duas caligrafias (a original, que alterna letras góticas e cursivas, mão segura, uniforme e clara, e a de Monnikhoff, mais rápida e descuidada nos trechos longos e muito esmerada nas correções da primeira cópia), além de acréscimos feitos por Monnikhoff (um retrato de Espinosa, duas poesias dedicatórias, títulos que faltavam no alto de umas vinte páginas). No entanto, nem o tipo de papel nem a letra do primeiro copista permitem determinar quem foi ele nem estabelecer uma data precisa na segunda metade do século XVII.

Explica-se, assim, por que durante longo tempo prevaleceu uma certa desconfiança com respeito ao *Breve tratado*, levando à sua desvalorização no conjunto da obra de Espinosa. Rascunho abandonado, esboço juvenil marcado pelo neoplatonismo renascentista, texto desordenado e descuidado, original perdido, tradução que pode ter deformado o pensamento do filósofo: ofuscado pela grandeza da *Ética*, não faltaram suposições para dar ao tratado um lugar secundário e deixá-lo praticamente abandonado nos trabalhos de comentário e interpretação da obra espinosana. Como seria de outro modo, visto Jelles e Meijer terem declarado que haviam publicado *tudo* o que era digno de valor?

Comecemos, porém, lembrando que, escrito antes da *Ética*, o *Breve tratado* pertence ao período em que Espinosa vivia em Amsterdã e Rijnsburg, isto é, na época de constituição e florescimento do Círculo de Espinosa, entre 1656 e 1662.

Lembremos também sua circunstância. Numa Holanda politicamente dividida entre republicanos e monarquistas, divisão que se expressava nas lutas religiosas entre calvinistas arminianos tolerantes e gomaristas intolerantes, o Círculo de Espinosa reunia homens que buscavam uma religião compatível com a razão, tolerante, ética, liberada da instituição eclesiástica, a maioria deles vinda de uma dissidência arminiana, os Colegiantes. O Círculo compunha-se de um grupo heterogêneo de Colegiantes: místicos, como Jarig Jelles e Pieter Balling, cientistas e filhos de burgueses, como Johannes Hudde, Simon de Vries e Johannes Bouwmeester, racionalistas cartesianos, como os médicos Lodewijk Meijer e Hermann Boerhaave, racionalistas hobbesianos, como o médico, advogado e poeta Adriaan Koerbagh. Cada um deles interpretava o pensamento espinosano segundo as opções religiosas e filosóficas que haviam feito. Assim como o *Tratado teológico-político* exprime a posição política republicana e democrática de Espinosa, assim também o *Breve tratado* exprime a busca de um diálogo entre o filósofo da imanência e seus amigos místicos, uns, e racionalistas, outros.

A circunstância político-religiosa e filosófica da Holanda seiscentista ilumina o conteúdo e o escopo do *Breve tratado,* que propõe encontrar uma via racionalista para os grandes temas religiosos que preocupam seus amigos mais próximos (providência divina, predestinação, o bem e o mal, livre-arbítrio, pecado, diabo, salvação). Isso explica o papel dos dois diálogos, que, inseridos na clássica linhagem da discussão maiêutica, convidam os leitores a buscar um caminho seguro para enfrentar os debates impostos pela tradição metafísica e teológica. Com efeito, o *Breve tratado* possui uma dimensão pedagógica que não encontramos nas demais obras do filósofo. Dirige-se a um grupo de cristãos protestantes, defensores da tolerância religiosa, da nova ciência da natureza e, como o próprio filósofo, formados no caldo da cultura filosófica holandesa do século XVII, isto é, pela obra de Descartes e pelo renascimento das filosofias estoica e epicurista, contrapostas à hegemonia universitária da Escolástica. Para esse seleto grupo de amigos, sinceramente interessados no conhecimento verdadeiro e dedicados à busca da liberdade e da felicidade, Espinosa precisa, com paciência e cuidado, ensinar outra maneira de pensar que, sem ofender a religiosidade de uns e o cartesianismo de outros, os conduza rumo a um pensamento inteiramente novo que subverte as tradições religiosas e filosóficas.

Por isso mesmo o núcleo do tratado será exatamente aquele que encontraremos na *Ética.* Nele encontramos, na ontologia, a crítica do antropocentrismo e do antropomorfismo com a exposição da unicidade substancial e da causalidade imanente necessária (ou a imanência da natureza naturante à natureza naturada), a distinção entre os atributos divinos (pensamento e extensão) e as propriedades que a imaginação costuma afirmar da essência divina (bondade, perfeição, justiça), a demonstração de que só existem coisas e essências singulares e que o homem é um modo singular da substância, definido como um corpo existente do qual a alma ou a mente é ideia; na teoria do conhecimento, a distinção entre as maneiras de conhecer, o lugar ocupado pela opinião na formação das paixões, e o lugar da razão e da intuição na formação das ações e das ideias verdadeiras; na ética, a redefinição do bem e do mal, a crítica da confusão entre liberdade e livre-arbítrio, a afirmação da livre-necessidade, a definição da felicidade como amor intelectual de Deus, que libera o homem das paixões e o salva pela verdadeira liberdade.

Todavia, se o núcleo das duas obras é idêntico, suas diferenças não se reduzem ao modo de exposição – geométrica a impressa, por capítulos, a manuscrita – nem à maneira como os temas religiosos aparecem em cada uma delas – tolerância religiosa, na manuscrita, crítica radical da superstição, na impressa. Dentre as diferenças mais significativas, podemos assinalar, em primeiro lugar, o aumento da precisão conceitual na exposição da ontologia, isto é, a clara diferenciação entre substância e atributo; em segundo, com o desenvolvimento da teoria do *conatus*, uma distinção mais incisiva entre passividade e atividade pela determinação da diferença de suas causas (ou os conceitos de causa inadequada e causa adequada); em terceiro, uma nova organização do conjunto das paixões sob sua matriz, isto é, a tríade alegria, tristeza e desejo; em quarto, um tratamento mais alongado e conceitualmente mais preciso da servidão e da liberdade; em quinto, a demonstração de que a intuição não é um contato imediato com um conteúdo verdadeiro, mas a apreensão direta da multiplicidade simultânea de afecções corporais, de suas ideias e das ideias dessas ideias em sua conexão necessária com a potência da substância absolutamente infinita, isto é, Deus.

No entanto, tais diferenças são justamente o que fazem a importância e o interesse do *Breve tratado*, que merece ser lido e compreendido como autêntica filosofia espinosana, e não foi gratuita a opinião de Rieuwertsz filho quando explicara a Stolle e Halmann que havia duas éticas: a *Ética* impressa em latim e a *Ética* manuscrita em holandês, esboço da primeira.

Mas, se assim é, resta um enigma. Com efeito, se o *Breve tratado* é apenas a "*Ética* holandesa", um mero esboço, então por que um escrito latino teria sido traduzido para o holandês se, diferentemente do *Tratado teológico-político*, por exemplo, não estava destinado à publicação, e não o publicaram Jelles e Meijer? Ora, se nos lembrarmos de que Espinosa o escrevera para seus amigos mais íntimos, teremos uma pista para compreender por que o manuscrito latino foi traduzido para o holandês: Jarig Jelles não conhecia latim, e a tradução foi destinada a ele.

E foi assim que, de Jelles, o *Tratado manuscrito* passou a Rieuwertsz pai e filho, destes, ao livreiro van der Velde, em cuja livraria Monnikhoff o copiou, até que, no século seguinte, a cópia de Monnikhoff fosse parar na pasta que Muller arrematou num leilão, enquanto a cópia de Rieuwertsz/van der Velde fosse cair nas mãos de Boegers com o título de *Breve tratado de Deus, do homem e do seu bem-estar*.

Peripécias de "um manuscrito, naturalmente".

São Paulo, março de 2012

Introdução

Emanuel Angelo da Rocha Fragoso
*Ericka Marie Itokazu**

Em Amsterdã, no dia 24 de novembro de 1632, nasce Baruch de Espinosa. Filho de judeus portugueses das cercanias de Beja, vive em Amsterdã até os 23 anos, quando é excluído da comunidade judaico-portuguesa por determinação do *herem* (excomunhão) lido publicamente pelo rabino da congregação Talmud Torah, em 26 de julho de 1656:

> Por sentença dos anjos, pelo juízo dos santos, nós, irmãos, expulsamos, amaldiçoamos e imprecamos contra Baruch de Espinosa com o consentimento do santo Deus e o de toda essa comunidade [...] com o anátema lançado por Josué contra Jericó, com a maldição de Elias aos jovens, e com todas as maldições da lei. Maldito seja de dia e maldito seja de noite, maldito seja ao levantar-se e maldito seja ao deitar-se, maldito seja ao sair e maldito seja ao regressar. Que Deus nunca mais o perdoe ou o aceite; que a ira e a cólera de Deus se inflamem contra esse homem, e que seu nome seja riscado do céu e que Deus, para seu mal, exclua-o de todas as tribos de Israel. Ordenamos que ninguém mantenha com ele comunicação oral por escrito, que ninguém lhe preste favor algum, que ninguém permaneça sob o mesmo teto que ele, que ninguém se aproxime dele a menos de quatro côvados de distância e que ninguém leia uma obra escrita ou concebida por ele.

No mesmo ano de sua excomunhão, Espinosa decide mudar-se para Rijnsburg, posteriormente Voorburg e, finalmente, para Haia,

---

* Emanuel Angelo da Rocha Fragoso é professor de Ética na Universidade Estadual do Ceará e editor da *Revista Conatus - Filosofia de Spinoza*, e Ericka Marie Itokazu é doutora em Filosofia pela Universidade de São Paulo e membro fundador do Grupo de Estudos Espinosanos da USP.

cidade em que padece tísico e vem a falecer em 21 de fevereiro de 1677. Expulso pela comunidade judaica e perseguido pelas autoridades católicas, filósofo cujas obras constavam na proibição do *Index*, Espinosa era sobretudo cauteloso com a divulgação de seus escritos, tal como anuncia o último parágrafo do *Breve tratado:*

> [...] resta-me apenas dizer algo aos amigos para quem escrevo: [...] E como não desconheceis a disposição do século em que vivemos, rogo-vos encarecidamente que sejais muito cuidadosos na comunicação dessas coisas a outros. Não quero dizer que devais guardá-las inteiramente para vós, mas somente que, se começardes a comunicá-las a alguém, não tenhais outro propósito nem outros móveis que a salvação de vosso próximo, assegurando-vos junto a ele que vosso trabalho não seja em vão.

Os textos de Espinosa passavam de mão em mão, eram copiados pelos muitos amigos e discutidos entre o círculo de sua amizade, textos e cartas guardados às chaves com bastante prudência, porém nunca proporcional ao temor das autoridades que proibiam a circulação de suas ideias, tal a força revolucionária de sua filosofia. Para utilizar as palavras de Jonathan I. Israel, "de fato, ninguém mais durante o século 1650-1750 nem remotamente chegou a rivalizar a notoriedade de Espinosa como o principal desafiante dos fundamentos da religião revelada, ideias herdadas, tradição, moral e o que era então considerado em todos os lugares – tanto nos Estados absolutistas como não-absolutistas – como autoridade política divinamente constituída".[9] Eis por que, ao longo destes quase quatro séculos após seu nascimento, narram-se muitas buscas pelos escritos deste filósofo, dentre as quais foram já descobertas algumas cartas, textos não publicados, manuscritos e traduções, antigas edições desaparecidas. Derivadas de tais descobertas, também muitas controversas discussões entre os estudiosos decorreram, ora acerca do reconhecimento de sua autoria, ora do estabelecimento de quem seria o copista, ou ainda, sobre a datação e a cronologia das redações dos textos. Certamente, ainda muito há por encontrar e pesquisar, o que se

---

[9] ISRAEL, J. I. *Iluminismo radical. A filosofia e a construção da modernidade. 1650-1750,* Parte II "A ascensão do radicalismo filosófico", p. 197, Madras: São Paulo, 2009. (1. ed. 2001).

comprova no exemplo da recente descoberta, em 2011, na biblioteca do Vaticano, de um manuscrito da *Ética* em latim até então desconhecido.

Atualmente podemos afirmar que em seus 44 anos de vida, nosso autor seguramente escreveu oito obras: *Breve tratado de Deus, do homem e do seu bem-estar* (KV), *Tratado da emenda do intelecto* (TIE), *Princípios de filosofia cartesiana* (PPC), *Pensamentos metafísicos* (CM), *Tratado teológico-político* (TTP), *Ética – Demonstrada em ordem geométrica* (E), *Tratado político* (TP) e *Compêndio de gramática da língua hebraica* (CG). A essas obras, podemos acrescentar sua *Correspondência* (Ep), que compreende atualmente 88 cartas, 50 suas e 38 de seus correspondentes. Desse conjunto, restaram inacabadas quatro obras, dentre as quais, um dos seus primeiros escritos, o *Tratado da emenda do intelecto*; um curso que ministrou aos seus amigos sobre a filosofia cartesiana, os PPC; um escrito que a vida não lhe permitiu concluir, o *Tratado político*, e o *Compêndio de gramática da língua hebraica*.

Em vida do filósofo, foram publicados apenas os PPC, com os CM em apêndice, em 1663, e o *Tratado teológico-político*, em 1670; porém, para evitar perseguições ao seu autor, este último foi publicado anonimamente e com local de impressão falso (Hamburgo),[10] uma (des)informação que certamente auxiliaria na proteção do seu bastante amigo e editor Jan Rieuwertsz (1617-1687), que vivia e trabalhava em Amsterdã, onde, de fato, fora impresso o TTP. Além desses textos citados, Pierre Bayle (1647-1706), no verbete *Espinosa* de seu *Dicionário histórico e crítico*,[11] faz menção a um texto, a *Apologia*, no qual Espinosa justificaria a sua ruptura com a Sinagoga, escrito no mesmo ano de sua excomunhão, e que muitos comentadores defendem talvez ser seu único escrito em português, língua materna de Espinosa, porque em resposta ao *herem* e à comunidade portuguesa de Amsterdã. Bayle, contudo, supôs o texto ter sido escrito em espanhol,[12] e, além deste, menciona também dois outros textos dos quais ainda hoje se discute se são ou não de sua autoria: *Cálculo algébrico do arco-íris* e o *Cálculo de*

---

[10] APPUHN, 1964, Œuvres 1, *Notice relative au* Court Traité. p. 13, nota 2.

[11] BAYLE, 1983, p. 22.

[12] Appuhn nos fornece o provável título, *Apologia para justificarse de su abdicación de La Synagoga* (1964, Œuvres 1, *Notice relative au* Court Traité. p. 13, nota 1), porém Joaquim de Carvalho questiona se essa obra teria sido realmente redigida em espanhol, pois o próprio termo *Apologia,* também pode ser português (1981, p. 373, nota 17).

probabilidades.[13] Johann Nic. Köhler ou Colerus (1647-1707) por sua vez, menciona uma tradução do *Velho Testamento* para o holandês, que teria sido jogada ao fogo pelo próprio Espinosa.[14]

É também Colerus que, em sua biografia de Espinosa,[15] afirma que o filósofo deixou instruções precisas em caso de sua morte ao seu hospedeiro, o senhor Hendrik van der Spyck, para enviar a sua escrivaninha, onde as cartas e os papéis que Espinosa não queimara eram mantidos trancados, para o mesmo amigo e impressor amsterdanês que publicou o TTP, Jan Rieuwertsz. Ao fim do ano de sua morte, seus amigos publicam as obras de Espinosa, em dupla edição, latina e holandesa – *Opera Posthuma* (OP) e *Nagelate Schriften* (NS) – com os textos da *Ética*, do TP, do TIE, 75 cartas e a CG (esta última não é publicada na edição holandesa). Nesse mesmo período, já se anunciava que ainda faltavam textos do filósofo e que as *Opera Posthuma* não compunham, portanto, a sua obra completa, tal como avisam os editores no prefácio da OP: "Isto é tudo o que de algum valor conseguimos reunir de seus papéis póstumos e de algumas cópias, que estavam nas mãos de seus amigos e conhecidos (*ex adversariis et quibusdam apographis*). Crê-se que nas mãos de uns e outros ainda haja algo (*absconditum*) de nosso escritor, que aqui não se encontrará. Talvez haja um pequeno escrito do arco-íris...".[16]

---

[13] DOMÍNGUEZ. In: *Breve tratado,* 1990, p. 262, nota 277 e p. 266, nota 285.

[14] "Ele também havia começado uma tradução do *Velho Testamento* para o holandês, sobre a qual manteve frequentes conversações com pessoas sábias em idiomas, informando-se sobre as explicações que os cristãos davam às diversas passagens. Já havia muito tempo que ele tinha acabado os cinco livros de Moisés, quando, poucos dias antes de sua morte, lançou toda esta obra ao fogo em seu quarto" (COLERUS, 1706, p. 131-132). Também pode ser consultada a tradução da biografia de Colerus em: COLERUS, Jean. *Vida de Spinoza: por Colerus.* Tradução de Emanuel Angelo da Rocha Fragoso. Disponível em: <http://www.benedictusdespinoza.pro. br/4939/15139.html>. Acesso em: 26 set. 2011.

[15] "Entretanto, o hospedeiro de Espinosa, o senhor Hendrik van der Spyck, que está ainda pleno de vida, testemunhou-me que Spinoza havia dado ordem de que imediatamente depois de sua morte se enviasse a Amsterdã, a Jean [Jan] Rieuwertsz, impressor da cidade, sua escrivaninha onde suas cartas e papéis estavam trancados; o que van der Spyck não deixou de executar, segundo a vontade de Espinosa" (COLERUS, 1706, p. 114). Essas instruções foram efetivamente cumpridas, conforme atesta ainda Colerus, citando a carta enviada por Rieuwertsz a van der Spyck, de 25 de março de 1677 (1706, p. 114-115), na qual reconhece ter recebido o móvel.

[16] *Apud* DOMÍNGUEZ, 1988, *Introd.* p. 20-21.

A descoberta do *Breve tratado*

Diferentemente dos escritos inéditos dos quais era possível encontrar a notícia por algum relato testemunhal (os escritos sobre o arco-íris, o cálculo de probabilidades e a tradução do Velho Testamento e a Apologia), a alusão à existência do *Breve tratado* não se tornou conhecida antes do século XIX. A história desta obra, segundo Charles Appuhn, inicia-se com a busca empreendida pelo erudito alemão Christophorus Theophilus de Murr (1733-1811) para encontrar os manuscritos dos textos de Espinosa não inclusos na OP/NS de 1677. Em especial, o texto da *Apologia*, até hoje ainda não encontrado e almejado pelos pesquisadores, por nele vislumbrarem possibilidades ou, por assim dizer, pistas, para a construção de uma proto-história do *Tratado teológico-político*. Embora frustrada a busca pela *Apologia*, Murr é quem nos fornece informações sobre o que posteriormente seria reconhecidamente a primeira indicação da existência do *Breve tratado*. Em sua empreita, Murr encontra, junto a papéis que pertenceram à família do amigo e editor Jan Rieuwertsz, o texto latino das notas de Espinosa sobre o TTP e, ao publicá-las em 1802, noticia algo curioso sobre a *Ética*, informando que teria sido redigida primeiramente em holandês e somente depois teria sido traduzida para o latim, retirando da versão latina um capítulo em que comentaria algo sobre o diabo (1802, p. 14). Murr não menciona a fonte. Ora, de onde teria tido conhecimento de tal informação? E aqui retomaremos alguns dos fatos analisados por Marilena Chaui no Prefácio desta edição, detalhando-os agora sob a perspectiva de reconstrução da polêmica em torno da descoberta do *Breve tratado*.

A fonte primária desta referência de uma "Ética em holandês" na qual se inclui um "capítulo sobre o diabo", tal como confirma Appuhn, tem origem numa publicação de Gottlieb Stolle ou, ainda, no que Atilano Domínguez denomina a "pré-história do *Breve tratado*": numa viagem pela Holanda realizada por dois estudiosos alemães, Gottlieb Stolle (1673-1744) e Hallmann ou Hallemann[17] (não há referência ao sobrenome), realizada entre 1703-1704, com o intuito de encontrar

---

[17] Para Carl Gebhardt, trata-se do filho do jurista Johann Christian Hallmann (1972, v. 1, *Textgestaltung*, p. 409). Já K. O. Meinsma cita apenas Stolle, que em 1703 ao empreender uma viagem através da Holanda, foi encarregado por seus amigos, entre os quais se incluía Christian Thomasius (1655-1728) — opositor vigoroso da difusão do espinosismo na Alemanha — de recolher toda informação possível acerca da vida de Espinosa (1983, p. 3 e p. 15, nota 5*).

notícias sobre Espinosa por pessoas que o tinham conhecido ou que poderiam fornecer alguma informação nova sobre ele, por exemplo, o filho de Jan Rieuwertsz (1990, nota 2, p. 211). Stolle escreveu um relatório dessa viagem, uma espécie de diário, cujos fragmentos foram publicados por G. E. Guhrauer e do qual Freudenthal (1839-1907), em seu livro *Die Lebensgeschichte Spinoza's*, citou algumas passagens.[18] Dada a importância do relato do encontro de Stolle com Rieuwertsz filho para a história do *Breve tratado*, nós o reproduzimos a seguir:

> Ele [Rieuwertsz filho] apareceu ainda com outro manuscrito que seu pai tinha igualmente transcrito, mas da própria mão de Espinosa. Este manuscrito era a *Ética*, uma *Ética* em holandês, idioma no qual Espinosa a tinha de início redigido. Esta *Ética* era totalmente diferente daquela que foi impressa: em vez de estar toda desenvolvida segundo o método matemático, mais difícil [*per difficiliorem methodum mathematicam*], estava toda dividida em capítulos e (sem a prova artificial de cada coisa [*ohne probatio singularium artificiosa*]), o raciocínio estava disposto em série contínua [*continua serie*], como no *Tratado teológico-político*. Rieuwertsz assegurou também que na Ética impressa a exposição estava muito melhor do que nesta manuscrita; mas também reconheceu que nesta última havia algo que não havia na impressa. Ele assinala em particular um capítulo (que ocupava o lugar 21) de diabolo, do qual não se encontra nada na *Ética* impressa. Neste capítulo Espinosa trata da questão da existência do diabo [*de existentia Diaboli*], examinando inicialmente a definição de que é um espírito contrário à essência divina e que tira sua essência de si mesmo [*quod sit spiritus essentiae divinæ contrarius et qui essentiam suam per se habet*], e ele [Espinosa] parece negar a existência do diabo. Alguns amigos de Espinosa teriam, segundo o que disse Rieuwertsz, copiado este escrito; mas não teria sido jamais impresso, porque há uma bela edição da obra em latim, mais organizada, enquanto que o tratado deixado por imprimir estava redigido de uma forma bem mais livre. Este manuscrito constava de umas 36 folhas e era um pouco prolixo. De resto, me mostrou também o manuscrito da versão holandesa do *Tratado teológico-político*, do qual o autor se ocupava (*apud* DOMÍNGUEZ, Introd., 1990, p. 8-9).

---

[18] FREUDENTHAL, 1899, p. 227-228.

Alguns anos depois de sua viagem, em 1718 (WOLF, 1910, p. civ), Stolle publica um livro intitulado *Curta introdução à história da erudição*,[19] no qual descreve o texto de Espinosa conforme as indicações dadas por Rieuwertsz filho,[20] que posteriormente passaram a constar no *Catálogo da biblioteca teológica*[21] de Jacob Friedrich Reimmann (1668-1743), publicado em 1731, e na *Bibliotheca anonymorum et pseudonymorum* de Johann Christoph Mylius (1710-1757), publicada em 1740.[22] Portanto, sem que nenhum deles tivesse acesso ao texto, nem conhecimento de seu conteúdo, a notícia do *Breve tratado* circula, ao longo dos séculos XVII e XVIII, apenas como a referência da existência de uma "Ética em holandês" para se diferenciar daquela escrita em latim, ou uma "Ética manuscrita" para distinguir da impressa, ou uma "Ética escrita mais livremente e em capítulos" por oposição àquela demonstrada segundo a ordem geométrica ou, ainda, "contendo um capítulo sobre o diabo", que teria sido excluído na *Ética*.

E é também com base na referência fornecida por Mylius e Murr que posteriormente H. E. Gottlob Paulus, ao publicar na Alemanha a *Benedicti de Spinoza Opera quæ supersunt omnia*, em 1802-1803, afirma que a única obra de Espinosa que faltaria publicar seria uma parte da *Ética* escrita originalmente em holandês, um *supplementum Ethices*, que trataria também de um *principio malo*.[23] Em 1842, na França, Saisset cita literalmente Mylius, ao assinalar a existência de um manuscrito da *Ética* com um capítulo inédito sobre o diabo.[24] No ano seguinte, na Alemanha, essas referências surgem novamente na publicação das obras de Espinosa por Bruder, *Benedicti de Spinoza Opera quæ supersunt omnia*, quando no *Præfatio*, este inclui na relação de obras creditadas a Espinosa — mas não encontradas — certo *Tractatus de diabolo*,[25] que ainda estaria em manuscrito.

---

[19] No original holandês, *Kurtze Anleitung zur Historie des Gelehrtheit*.

[20] APPUHN, Œuvres 1, 1964, nota 2, p. 15.

[21] No original latino, *Catalogus bibliotecæ theologicæ*.

[22] *Apud* GEBHARDT, 1972, v. 1, p. 410.

[23] PAULUS, 1803, v. *Posterius*, p. XV.

[24] No original de Saisset: "Suivant Mylius (*Bibliotheca anonymorum*, p. 94), le manuscrit de l'*Éthique* contient un chapitre inédit de *Diabolo*". (1842, v. 1, p. CCVI).

[25] BRUDER, 1843, v. 1, p. XIV.

Para utilizar as palavras de Atilano Domínguez, este quadro de "confusão e ignorância" acerca das referências ao *Breve tratado* se ameniza com a descoberta, em 1851, que um professor de Filosofia em Halle, o senhor Eduard Boehmer (1827-1906), realiza ao adquirir em Amsterdã na livraria de Frederik Muller (1817-1881), juntamente com uma tradução holandesa das *Anotações* ao *Tratado teológico-político*, um pequeno e revelador manuscrito em holandês que tem por título *Breve compêndio do Tratado de Baruch de Espinosa, de Deus, do homem e do seu bem-estar*[26] juntamente com um exemplar em holandês da *Vida de Espinosa* de Colerus.[27] No livro de Colerus, Boehmer encontra, inserida no parágrafo 12, em que o autor descreve as obras inéditas de Espinosa, a seguinte anotação manuscrita:

> Nas mãos de alguns amantes da filosofia, conserva-se um *Tratado manuscrito* de Espinosa, que, embora não esteja composto em forma geométrica como sua *Ética* impressa, entretanto contém os mesmos pensamentos e argumentos. Por seu estilo e por sua construção, é fácil ver que se trata de uma das primeiríssimas obras do autor, que dela se serviu como um esboço de seu pensamento para compor sua *Ética*. Ainda que esta contenha as mesmas coisas, porém mais elaboradas e extensas, em ordem geométrica, todavia, sendo o método matemático muito raro e inusitado em metafísica e poucos os homens nisso especialistas, torna-se muito mais obscura para a maioria do que este *Tratado*, do qual apenas o início do Apêndice, numa pequena parte, está composto segundo essa ordem [...] Além dessa obra, também estão em meu poder diversas Anotações e adições de Espinosa a vários lugares do *Tratado teológico-político*, que acrescentaremos após a biografia, depois de darmos um *Breve compêndio* do tratado manuscrito acima mencionado.

No ano seguinte, em 1852, Boehmer publicará esse manuscrito holandês, o *Breve compêndio*, juntamente com sua tradução para o latim,

---

[26] Título no original holandês: *Korte Schetz der Verhandeling van Benedictus de Spinoza: over God, den Mensch, en deszelfs Wel-stand.*

[27] *Korte, dog waarachtige Levens-Beschryving van Benedictus de Spinoza, Amstelodami,* 1705 (Breve, mas verdadeira descrição da vida de Benedictus de Spinoza).

ciente de que, mesmo sendo de autoria desconhecida, o *Compêndio* era a única fonte que poderia revelar o conteúdo da "Ética manuscrita", "o esboço do pensamento para compor a *Ética*". Ora, o *Compêndio* era justamente um resumo bastante detalhado desta que poderia ser uma de suas "primeiríssimas obras", embora ainda não encontrada, tinha finalmente a sua existência confirmada, seja por aquele que a leu para compor tal resumo, seja pelo próprio testemunho da nota manuscrita que acima reproduzimos.

Somente em 1865, Antonius van der Linde demonstra que tanto a nota manuscrita quanto o próprio *Breve compêndio* foram escritos pela mesma mão de um cirurgião de Roterdã chamado Johannes Monnikhoff (1707-1787), o que se confirmou cabalmente em estudos posteriores com o reconhecimento de sua caligrafia nas muitas cópias que fez das obras de Willem Duerhoff (1650-1717) e pela assinatura do *Na-reden* ou epílogo que ele acrescentara ao *Collegium Chrirurgicum Amstelodamense*.

Muito se discutiu para saber se Monnikhoff seria, além de copista, o autor do *Breve compêndio*: M. Francès, em 1954, afirma que seria "possivelmente o filósofo Willem Deurhoff. Muitas observações dão ao seu resumo um caráter polêmico",[28] o que é seguido por Appuhn,[29] em 1964, e por Jean Préposiet (1973, p. 179). Nas décadas seguintes, contudo, estudos apontam para outra direção, tal como defendem Atilano Domínguez (1990) e Filippo Mignini (1986), principalmente pela expressão nas obras de Deurhoff de um cartesianismo fervoroso que o afasta da hipótese de ser o autor do *Breve compêndio*, ambos argumentando que Monnikhoff certamente seria seu redator.

Pouco depois da publicação do *Breve compêndio*, o mesmo livreiro, Frederijk Muller, adquire num leilão o primeiro volume[30] dos *Nagelate Schriften* de 1677, que continha "[...] transcrito numa grafia nitidamente em língua holandesa, um *Prefácio* concernente à vida e à obra de Espinosa, um *Compêndio* quase idêntico àquele publicado por Boehmer, com

---

[28] *Oeuvres Complètes*, 1954, p. 1359.

[29] APPUHN, *Œuvres 1*, 1964, p. 19-20.

[30] O segundo volume só seria descoberto em 1972 pelo pesquisador estadunidense Thomas Carson Mark (*apud* MEINSMA, 1983, nota 25, p. 19-20).

mais alguns acréscimos; o texto de uma *Ethica of Zede-Leer* em capítulos; e as anotações ao *Tratado teológico-político*".[31] Essa *Ethica of Zede-Leer*, uma vez examinada, mostrou ter inteiramente o conteúdo conforme à descrição do *Compêndio*; ou seja, Muller encontrara o texto integral do *Breve tratado* com uma nova versão manuscrita do *Breve compêndio*, e que, nos preparativos para a sua publicação, se reconhecerá também transcritos pelas mãos do mesmo copista Johannes Monnikhoff.

Pelos cuidados de Johannes van Vloten (1818-1883) vem a público em Amsterdã, finalmente a primeira edição do *Breve tratado*, em 1862, no seu *Supplementum* à edição das obras de Espinosa publicada por Carolus Hermannus Bruder, *Benedicti de Spinoza Opera quæ supersunt omnia*, na qual encontramos a reprodução desta nota de Mylius:

> *Ética*, escrita primeiramente pelo autor na língua dos batavos, depois por quem a traduziu em latim e a dispôs em método matemático, omitido, porém o que no exemplar manuscrito holandês é dito por extenso no capítulo a respeito do Diabo (1843, v. 1, p. XIV).[32]

Em 1861, enquanto o manuscrito do *Breve tratado* era preparado para ser publicado, o jurista e poeta de Roterdã, Adriaan Bogaers (1795-1870) anunciava haver em sua posse, encadernado junto com uma tradução holandesa do *Tratado teológico-político*, um segundo manuscrito de sua propriedade, quase idêntico à *Ethica of Zede-Leer*, desta vez, contudo, com o título *Breve tratado de Deus, do homem e do seu bem-estar* (*Korte Verhandeling van God de Mensch en deszelfs welstand*). Tratava-se, portanto, da descoberta de um segundo manuscrito que continha o texto integral *Breve tratado*. Este, por sua vez, foi editado por Carl Schaarschmidt (1822-1909), em 1869.

As diferenças entre os dois manuscritos encontrados, a despeito do pequeno intervalo de uma década entre a descoberta de um e

---

[31] Cf. MIGNINI, *Korte Verhandeling. Breve Tratatto,* 1986, p. 16.

[32] Como mencionado anteriormente, a referência tem sua origem na publicação da viagem de Stolle (1736, p. 521-522). Gebhardt reproduz esta citação de Mylius, mas sem a palavra *Ethica* no início (1972, v. 1, p. 411). Esta nota sem o termo *adhuc* é também reproduzida por Paul Janet (1823-1899) que, em 1878, realiza a primeira tradução do *Breve tratado* para a língua francesa (1878, nota 1, p. V).

outro, acabaram por revelar a imensa diferença temporal entre ambos. Como mencionamos anteriormente, sabia-se que o manuscrito encontrado primeiramente, intitulado *Ethica of Zede-Leer*, fora copiado por Monikhoff, ou seja, no século XVIII e não antes de 1763.[33] Contudo, estudos da caligrafia, variante entre a gótica e a cursiva, a análise do papel utilizado, bem com o estilo de transcrição acabaram por demonstrar que o segundo manuscrito, intitulado *Korte Verhandeling van God de Mensch en deszelfs welstand*, não apenas fora transcrito por outro copista, mas também que este trabalho teria sido realizado um século antes, no século XVII e, mais ainda, precisamente na mesma época em que vivera Espinosa. Assim, o *Korte Verhandeling* acabava por se revelar o *codex unicus* do *Breve tratado* e, portanto, o fim da tão almejada busca pela "Ética manuscrita em holandês".

A polêmica sobre o *Breve tratado*

A boa nova, de que finalmente estávamos diante do manuscrito certo, chegava repleta de incertezas: teria sido copiado ou redigido por amigos de Espinosa? Seriam anotações de um curso ou um texto ditado por Espinosa aos amigos? De quem seria a transcrição? Ou seria tradução de um texto autêntico do filósofo traduzido para o holandês? Essa tradução teria sido acompanhada e revisada pelo próprio Espinosa? Quem traduzira? E, juntamente com tantas incertezas, uma imensa motivação de diversos estudiosos espinosanos em procurar superá-las cabalmente.

Quanto à transcrição, há neste manuscrito duas caligrafias distintas: uma seiscentista do copista original na qual todo o texto está copiado e, mais uma vez, a de Monnikhoff que preparou o texto para encadernar, acrescentando alguns títulos, dedicatórias e correções pontuais. Na

---

[33] Esta data é confirmada pelos seguintes argumentos: (1) estar encadernado junto ao texto de Colerus publicado em 1705, (2) pela referência ao *Breve compêndio* na nota manuscrita encontrada no parágrafo 12 (p. 184-185); (3) pela menção de um livro de Deurhoff publicado no ano 1713, na página 196 da *Vida de Espinosa*; e (4) porque Monnikhoff faz alusão no seu prefácio à reforma efetuada no ano de 1743, na casa em que Espinosa habitou em Amsterdã. Donde se pode afirmar que a cópia do *Manuscrito B* e a redação do *Compêndio* σ não ocorreram antes desse ano (DOMÍNGUEZ, 1990, p. 12; APPUHN, 1964, Œuvres 1, p. 19).

INTRODUÇÃO

primeira edição publicada do *Breve tratado*, em 1869, Schaarschmidt atribui a redação original a Deurhoff, o que será recusado por Willem Meijer no prefácio de sua edição em holandês moderno publicada em 1899. Segundo ele, o teor pró-Espinosa do curto prefácio do manuscrito deveria corresponder a um ardente discípulo de Espinosa – o que Deurhoff contundentemente não era –, sendo muito mais plausível defender a autoria ou transcrição pela mão de um grande amigo de Espinosa, talvez Jarig Jelles (1620-1683).[34]

A dúvida de W. Meijer quanto ao reconhecimento da autoria a Espinosa seguia as conclusões da leitura comparativa entre o *Breve tratado* e a *Ética* feita por Freudenthal, que criticara duramente o *Breve tratado*, afirmando que "o conjunto ficou como um rascunho inacabado, que mostra numerosos defeitos, inexatidões na expressão, faltas na argumentação, repetições, lacunas e contradições". Contudo, sem negar a autenticidade da obra, Freudenthal sugere que "esse rascunho, ao qual o mesmo Espinosa fez várias edições (diálogos, apêndices, notas), recebeu sua forma atual de um redator e foi traduzido ao holandês, sem que seu autor controlasse todo esse processo progressivo de deformação".[35] Meijer acreditava que os problemas elencados poderiam ser explicados se se atentasse para uma nota marginal no *Tratado* que mencionava que Espinosa o teria "ditado oralmente"; assim, defendia a hipótese de que Espinosa ditara em holandês aos seus amigos enquanto vivia em Amsterdã.[36] Em sua edição de 1925 da *Spinoza Opera*, Gebhardt assume a hipótese de Freudenthal e considera possível o redator do original latino ser Jarig Jelles, tendo como tradutor Piter Balling (†1664?), também amigo de Espinosa e excelente latinista, tradutor de outras obras do filósofo, os PPC e CM, para o holandês. Essa hipótese foi "a interpretação concernente à composição da obra que se tornaria dominante ao longo dos decênios seguintes".[37]

Contrariando as hipóteses acima mencionadas, Atilano Domínguez, em 1990, recusa enfaticamente o não reconhecimento da autoria

---

[34] APPUHN, 1954, p. 20.

[35] *Apud* DOMÍNGUEZ, 1990, p. 17.

[36] Cf. DOMÍNGUEZ, 1990, p. 18.

[37] MIGNINI, Œuvres I, 2009, p. 164.

do *Tratado* a Espinosa por aqueles que se fundamentam nas críticas de Freudenthal sobre a má composição do texto, e que somente "um século de laborisoso trabalho permitiu depurar" (1990, p. 17). Domínguez desconstrói diretamente pelos fundamentos dessa crítica, considerando o *Breve tratado* uma "obra bem construída e perfeitamente confiável" situando a sua argumentação para além da análise que se que restringe ao diálogo interno à obra do filósofo, ou seja, que se limita à comparação com a *Ética* e a ordenação geométrica para (des)qualificar o *Breve tratado*, pois isso seria já preconcebê-lo como texto de escrita menos rigorosa (se pensado apenas em relação à *Ética*), ou um rascunho lacunar da obra posterior ou, ainda, um texto de imaturidade filosófica.

Recusando enfaticamente essa posição, Domínguez amplia o campo da discussão sobre a análise do texto, não mais restrito à comparação com a *Ética*, mas incluindo sobretudo o campo de temas filosóficos propriamente seiscentistas com os quais Espinosa debatia, por exemplo, a filosofia cartesiana. Domínguez encontra certos paralelos entre a Parte II do *Breve tratado* com *Tratado das paixões*, de Descartes,[38] e, a partir do diálogo entre os textos, demonstra que Espinosa não escreve sobre as paixões na mesma ordem da *Ética* porque acompanha fielmente a ordem cartesiana no tratamento das paixões, porém para desmontar um a um os alicerces que fundamentam a tese de Descartes de que a alma agente governa o corpo paciente e, inversamente, de que a alma é passiva quando o corpo é ativo, e, simultaneamente, demonstrando uma tese reconhecidamente espinosana por excelência: de que não há ação da mente *sobre* o corpo, porque não há interação nenhuma *entre* mente e corpo.

Contra a tese de que teria "ditado oralmente", Domínguez retoma a análise do léxico do manuscrito para defendê-lo como tradução de uma obra de fato escrita em latim por Espinosa, tal como se pode comprovar pela latinização do holandês,[39] por exemplo, no uso do termo "passien", no lugar do correspondente holandês "lyding", e "reprezentatie", em vez de "verbeelding". Isso comprovaria o que é dito no prefácio mesmo

---

[38] Há uma apresentação bastante sucinta desta análise em uma tabela comparativa entre a ordem dada ao tratamento das paixões (DOMÍNGUEZ, 1990, nota 142, p. 238-239).

[39] Cf. DOMÍNGUEZ, 1990, p. 27-28.

do *Breve tratado*, pelo qual o leitor é avisado que o texto original fora "*redigido anteriormente na língua latina por Benedictus de Espinosa* para uso de seus discípulos [...] e traduzido para a língua holandesa" ou, ainda, a conclusão do *Breve tratado,* em que Espinosa afirma "resta-me dizer algo para os amigos para quem *escrevo*". Para concluir, Domínguez defende que Espinosa redigiu o *Breve tratado* para o círculo de estudiosos e amigos de Amsterdã durante o período entre a sua expulsão da sinagoga e a sua mudança a Rijnsburg (1656-1661) e, ainda segundo Domínguez, que seria bastante plausível que Jarig Jelles, um dos únicos do círculo de amigos de Espinosa que confessava seu desconhecimento do latim e que tinha por hábito solicitar traduções para o holandês, pedisse para o amigo Piter Balling, que já traduzira os *Pensamentos metafísicos* e os *Princípios da filosofia cartesiana,* que também assim o fizesse com o *Breve tratado.* Porém, como Balling morreu precocemente, outra possibilidade aventada seria a de que o tradutor fosse Johannes Bouwmeester, a quem o próprio Espinosa, após a morte do amigo Piter, menciona sobre a tradução para o holandês da terceira parte da *Ética,* como atesta a carta 28.

Filippo Mignini considera pouco provável ser P. Balling o tradutor, principalmente pelas formas linguísticas e gramaticais utilizadas não coincidentes com suas outras traduções que ele fizera de Espinosa, e, pelo mesmo argumento, refuta também outros possíveis candidatos, notadamente, Jan Hendrik Glazemaker (1619-1682) e Lodewijk Meyer.[40] Para retomar as palavras de Atilano Domínguez, neste século de "laborioso trabalho", muito se avançou na discussão e no estabelecimento do texto do *Breve tratado* em seu *codex unicus,* ou seja, o segundo manuscrito (também conhecido como *Manuscrito A*), em que muitas das polêmicas em torno do *Breve tratado* foram encerradas. Para apresentar tal quadro sucintamente, reproduzimos pelas conclusões elencadas por Filippo Mignini, revalidadas em 2009 (MIGNINI, 2009, p. 165-177), após o seu exaustivo estudo sobre a história, das fontes primárias e provas testemunhais, análise detalhada dos documentos, inspeção da caligrafia dos manuscritos e comparação entre estilos linguísticos e recursos gramaticais, etc., publicadas na sua célebre edição crítica do *Breve tratado* de 1986:

---

[40] Cf. MIGNINI, 2009, p. 168-169.

Conclusões certas:

1) o *Breve tratado* é uma obra espinosana. Ninguém nunca duvidou da autenticidade da doutrina exposta, seja pelos testemunhos externos, seja pela declaração explícita contida na apresentação do *Manuscrito A*, seja pelo seu conteúdo. [...]

2) O *Breve tratado* constitui a primeira exposição sistemática da filosofia espinosana.

3) Ninguém duvida que o *Manuscrito A* seja uma cópia anterior àquela outra, redigida certamente depois de 1743 por Monnikhoff; além disso, é certo que o *Manuscrito A* é seiscentesco e contém intervenções autográficas do Monnikhoff, que o usou como exemplar de sua própria redação [do *Compêndio*].

4) É certo que o *Manuscrito A* não foi escrito nem por Deurhoff, nem por Rieuwertz, como demonstra o exame caligráfico.

5) Não existem razões textuais que imponham supor, além do *Manuscrito A*, a existência de outros manuscritos como fonte do *Manuscrito B* [...]

6) Podemos manter, até prova contrária que refute o Prefácio do *Manuscrito A*, que a obra tenha sido originariamente composta em latim por Espinosa.

7) É certo que o exemplar do *Manuscrito A* foi redigido durante a vida de Espinosa, como demonstra a nota de I, 9.

8) É certo que o *Breve compêndio* foi composto por – e não somente transcrito – por J. Monnikhoff (MIGNINI, 1986, p. 97).

Denominações do *Breve compêndio* e do *Breve tratado*

O manuscrito do *Breve compêndio* encontrado por Boehmer no exemplar da *Spinoza's Levensbeschryving* de Colerus foi denominado por Mignini de *Compêndio* χ, e o manuscrito encontrado junto com a *Ethica of Zede-Leer* por Muller, de *Compêndio* σ (1986, p. 44). Os manuscritos do *Breve tratado* são denominados de *Manuscrito A* e *Manuscrito B*, e ambos se encontram atualmente na *Biblioteca Real de Haia* e têm o número de código 75G15 e 75G16, respectivamente. A ordenação alfabética, A e B, foi estabelecida em função da cronologia de sua redação, conforme sugerem os estudos posteriores e as análises dos textos, o *Manuscrito A* foi redigido no século XVII, e o *Manuscrito B* no século seguinte, contudo, o *Manuscrito B*, também referido como *Codex B* (WOLF, 1910, p. cvi), apesar de ser denominado com a segunda letra do alfabeto, é o manuscrito que foi encontrado primeiro, conforme descrito acima, pelo livreiro Muller que o adquiriu em leilão juntamente com um novo compêndio, o *Compêndio* σ. O primeiro, *Compêndio* χ, se encontra na *Biblioteca Universitária de Haia* (Holanda); o segundo, *Compêndio* σ, na *Biblioteca Real de Haia*.

Algumas edições históricas do
Breve compêndio e do *Breve tratado*

Em 1852, Boehmer publica o *Compêndio* χ, juntamente com a nota alusiva ao *Breve tratado* e as anotações ao TTP em holandês.

Em 1862, van Vloten publica o *Manuscrito B* com o *Compêndio* σ, o *Tractatulum de Iride*[41] em holandês com tradução latina, algumas cartas inéditas de Espinosa encontradas numa fundação dos colegiantes do século XVII, o *Orphelinat de Orange*, em Amsterdã (APPUHN, 1964, Œuvres 1, nota 1, p. 17), e alguns documentos referentes à vida do filósofo, como o édito de excomunhão proferido contra Espinosa em 1656. Já o *Manuscrito A* – também referido como *Codex A* (WOLF, 1910, p. cvi) –, foi encontrado encadernado junto a um volume do TTP, quando van Vloten preparava a publicação do seu *Supplementum* em posse de Bogaers, conforme descrito acima. Esse manuscrito foi publicado inicialmente por Schaarschmidt em 1869 – edição que A. Wolf assinala ser a "mais cuidadosa edição do *Codex A*" (1910, p. cvi) –, e posteriormente incluído na edição completa das obras de Espinosa por van Vloten e Land de 1882-1883 e de 1895.

Em 1899, Willem Meijer (1842-1926) publica uma transcrição do *Breve tratado* em holandês moderno, com o texto em holandês do manuscrito do *Breve compêndio* encontrado por Boehmer com sua respectiva tradução latina, mais exata do que a publicada em 1852.

---

[41] Trata-se do *Cálculo algébrico do arco-íris*, cuja autoria é atribuída a Espinosa por van Vloten. Ao contrário do que afirma Domínguez (1990, p. 11), van Vloten não publicou nessa edição o texto do *Reeckening van Kanssen – Cálculo de probabilidades*.

Em 1925, Carl Gebhardt (1881-1934) publica no primeiro volume da *Spinoza Opera* o *Compêndio* χ, juntamente com o *Manuscrito A* e o *Manuscrito B* do *Breve tratado*.

Em 1986, Filippo Mignini (1946-) publica sua edição crítica do *Breve tratado*, contendo o *Compêndio* σ, e cotejando também o *compêndio* χ — trabalho até então inédito —, o *Manuscrito A* do *Breve tratado* e as respectivas traduções para o italiano, juntamente com um completo estudo crítico, com o histórico das hipóteses redacionais, analisando as fontes primárias e comparando-as, compondo uma história crítica completa de ambos os textos, e com o estabelecimento textual do *Breve tratado* e do *Breve compêndio* enriquecidas com indicações de acréscimos do copista no manuscrito original, acrescentando sugestões de correções do texto, contemplando suas variadas redações.

No ano 2000 GHJ ou Gerrit H. Jongeneelen disponibiliza na Internet o texto do *Korte Verhandeling van God de mensch en deszelvs welstand*, informando-nos que esta versão do *Breve tratado* se baseia na terceira edição de van Vloten, (*Benedicti de Spinoza. Opera quotquot reperta sunt*, 1914) e pode "[...] ser considerada uma edição diplomática do manuscrito [*Manuscrito A* ou 75G15] no que concerne ao texto;". Em 2003 e 2007 foram feitas revisões do material disponibilizado, enriquecido com estudos de campos semânticos, vocabulário, quadros comparativos, análises históricas e textuais, estudos do método, etc.

Em 2009 é publicado na França o volume I das *Œuvres* de Espinosa, *Premiers écrits*, com uma nova tradução do *Breve tratado* realizada por Joël Ganault a partir do texto estabelecido por Mignini.

Sobre a tradução[*]

Breve tratado

Esta tradução do *Breve tratado* teve por base a edição crítica de Filipo Mignini, editada em 1986 pela editora Japadre, a qual utilizou o manuscrito A cotejando e pontuando as suas diferenças com o B, e se

---

[*] Feita por Emanuel Angelo da Rocha Fragoso, professor de Ética na Universidade Estadual do Ceará (UECE) e editor da *Revista Conatus: Filosofia de Spinoza*, e Luís Cesar Guimarães Oliva, professor de História da Filosofia Moderna da Universidade de São Paulo.

tornou referência entre os especialistas, tanto que o mesmo estabelecimento de texto foi posteriormente utilizado também na edição francesa de Ganault (2009), a última a ser consultada. Também levamos em conta a antiga tradução francesa de Paul Janet, publicada em 1878 e cotejada com a tradução inglesa de A. Wolf de 1910. Optamos por consultar essa tradução porque ela se fundamenta na tradução alemã de Christoph Sigwart de 1870, que se utiliza dos dois manuscritos, completando-os com inúmeros esclarecimentos, o que a fez ser considerada a primeira edição crítica do KV. Dadas as dificuldades do holandês da época, com inúmeras alterações em relação à língua corrente, sem falar nos problemas específicos do manuscrito do KV, tivemos a consultoria dos colegas Jan G. J. ter Reegen e Edrisi de Araújo Fernandes.

Finalmente, o cotejo com a tradução espanhola de Atilano Domínguez (1990), da qual adotamos a numeração dos parágrafos, levou-nos a duas decisões fundamentais. Em primeiro lugar, alertou-nos para pequenos problemas no estabelecimento de texto de Mignini, cujas correções no manuscrito levaram a mudanças importantes, sobretudo no capítulo 19 da parte II, onde implicaram uma reordenação dos parágrafos feita por Mignini, que na verdade não é necessária. Embora mantendo o texto holandês tal como estabelecido por Mignini, seguimos Domínguez na tradução e organização deste capítulo. Em segundo lugar, também acompanhamos Domínguez ao não incluir na tradução a dupla série numérica presente no manuscrito, nem as notas marginais ou *notabilia* transcritas por Gebhardt e presentes na edição de Mignini. Os *notabilia* tinham por função guiar o leitor através de uma breve síntese do conteúdo de cada parágrafo e dar referências de textos paralelos. Ao seguir as supressões propostas por Domínguez, deixamos o texto mais limpo e menos redundante para o leitor.

Breve compêndio

Esta tradução do *Breve compêndio* foi feita a partir da versão original holandesa do *Korte Schetz*, denominada *Compêndio* σ – publicada pela primeira vez na edição crítica de Filippo Mignini do *Korte Verhandeling* em 1986 –, comparada com a outra versão holandesa, publicada por Carl Gebhardt (*Spinoza Opera*), denominada por Mignini de *Compêndio* χ. Trata-se do manuscrito encontrado por Eduardus Boehmer, professor na Universidade de Halle, que o descobriu por acaso num exemplar holandês da *Vida de Spinoza* por Colerus, comprado num livreiro de Amsterdã, Frederik Muller, que desde 1852, quando Boehmer a publicou pela primeira vez, vinha a ser a única publicada até a edição crítica de Mignini. Nosso texto foi cotejado com as traduções para o italiano, para o espanhol e para o francês, realizadas pelo próprio Mignini, por Domínguez e Joël Ganault (que também utilizaram o *Compêndio* σ), respectivamente. Também cotejamos com as traduções francesas de Charles Appuhn e Madeleine Francès, que utilizaram o *Compêndio* χ.

Referências

Obras completas (OP e Opera Omnia)

APPUHN, Charles. *Œuvres de Spinoza*. Traduction et notes par Charles Appuhn. Paris: GF Flammarion, 1964-6. 4 v.

B. de S. *Opera Posthuma. Quorum series post Praefationem exhibetur.* 1677 [Amsterdã: J. Rieuwertsz].

BRUDER, Carolus Hermannus. *Benedicti de Spinoza Opera quæ supersunt omnia*: Ex editionibus principibus denuo edidit... Editio stereotypa. Lipsiæ: Typis et sumtibus Bernh. Tauchnitz Jun., v. 1, 1843; v.2, 1844; v. 3, 1846.

CAILLOIS, Roland; FRANCÈS, Madeleine; MISRAHI, Robert. *Spinoza Œuvres Completes*. Texte traduite, présenté et annoté par R. Caillois, M. Francès et R. Misrahi. Paris: Gallimard, 1954. 1 v. (Bibliothèque de la Pléiade).

CALÉS, Mario; COHAN, Oscar. *Spinoza Obras Completas*. Prologada por Abraham J. Weiss y Gregorio Weimberg, traducciones de Mario Calés y Oscar Cohan. Buenos Aires: Acervo Cultural, 1977. 5 v.

GEBHARDT, Carl. *Spinoza Opera*. Im Auftrag der Heidelberger Akademie der Wissenschaften herausgegeben von Carl Gebhardt. Heildelberg: Carl Winter, 1925; 2. Auflage 1972. 4 v.

GEBHARDT, Carl. *Spinoza Opera*. Im Auftrag der Heidelberger Akademie der Wissenschaften herausgegeben von Carl Gebhardt. Heildelberg: Carl Winter, 1925; Ristampa 1972. Milano: Edição Eletrônica a cura di Roberto Bombacigno e Monica Natali, 1998. 1 CD-Rom.

GFRŒRER, A. *Benedicti de Spinoza Opera Philosophica omnia*: Edidit et Præfationem adjecit... Stuttgardiæ: Typis J. B. Mezleri, MDCCCXXX [1830]. 1 v.

PAULUS, Henr. Eberh. Gottlob. *Benedicti de Spinoza Opera quæ supersunt omnia*: Iterum edenda curavit, Præfationes, vitam auctoris... Ienæ: In Bibliopolio Academico, 1802-1803. 2 v. em 3.

PRAT, J. G. *Œuvres Complètes de B. de Spinoza*. Traduites et annotées par J. G. Prat. Paris: Librairie de L. Hachette et Cie, MDCCCLXIII [1863]. 3 v.

SAISSET, Émile. *Œuvres de Spinoza*. Traduites par Émile Saisset. Paris: Charpentier, Libraire-Éditeur, 1842. 2 v.

PRAT, J. G. *Œuvres de Spinoza*. Traduites par Émile Saisset. Paris: Charpentier, Libraire-Éditeur, 1861. 3 v.

SHIRLEY, Samuel. *Spinoza Complete Works*. Translations by Samuel Shirley. Edited, with Introduction and Notes, by Michael L. Morgan. Indianapolis/Cambridge: Hackett Publishing Company, 2002.

VLOTEN, Johannes van; LAND, J. P. N. *Benedicti de Spinoza Opera quotquot reperta sunt*. Recognoverunt J. van Vloten et J. P. N. Land. Editio Tertia. Hagae-Comitum: Apud M. Nijhoff, 1914. 4 v. em 2.

Edições do *Breve compêndio*

Compêndio σ

MIGNINI, Filippo. Korte Schetz der Verhandeling van Benedictus de Spinoza, over God, den Mensch, en deszelfs Welstand. In: *Spinoza - Korte Verhandeling, van God, de Mensch, en deszelvs Welstand = Breve Trattato su Dio, l'uomo e il suo bene*. Introduzione, edizione, traduzione e commento di Filippo Mignini. L'Aquila: Japadre, 1986. p. 802-816 (páginas pares).

Compêndio χ

BOEHMER, Eduard. *Benedicti de Spinoza Tractatus de Deo et homine eiusque felicitate lineamenta atque adnotationes ad Tractatum Theologico-Politicum:* edidit et illustravit Eduardus Boehmer. Halae ad Salam: J. F. Lippert, 1852.

GEBHARDT, Carl. Korte Schetz der Verhandeling van Benedictus de Spinoza, over God, den Mensch, en deszelfs Welstand. In: *Spinoza Opera*. Im Auftrag der Heidelberger Akademie der Wissenschaften herausgegeben von Carl Gebhardt. Heildelberg: Carl Winter, 1925; 2. Auflage 1972. v. I, p. 3-10.

Edições do *Breve tratado*

Manuscrito A

GEBHARDT, Carl. *Spinoza Opera*. Im Auftrag der Heidelberger Akademie der Wissenschaften herausgegeben von Carl Gebhardt. Heildelberg: Carl Winter, 1925; 2. Auflage 1972. 4 v. KV: v. I, p. 1-121.

GHJ [Gerrit H. Jongeneelen]. *Spinoza Korte Verhandeling van God de mensch en deszelvs Welstand*. Disponível em: <http://home.wanadoo.nl/vvdghj/KV/index.html>. Acesso em: 25 set. 2011.

MEIJER, Willem. *Spinoza's Werken IV. Korte Verhandeling van God de mensch en deszelvs Welstand:* Oorspronkelijk in het Latijn geschreven door B[enedictus]

D[e] S[pinoza], en thans uit een Neerduitsche vertaling der 17de eeuw in de taal van onzen tijd overgebracht door W. Meijer. Amsterdam: Van Looy, 1899.

MIGNINI, Filippo. *Spinoza - Korte Verhandeling, van God, de Mensch, en deszelvs Welstand = Breve Trattato su Dio, l'uomo e il suo bene.* Introduzione, edizione, traduzione e commento di Filippo Mignini. L'Aquila: Japadre, 1986. p. 120-364 (páginas pares).

SCHAARSCHMIDT, Carl. *Benedicti de Spinoza korte verhandeling van God, de mensch en deszelfs welstand:* tractatuli deperditi De Deo et homine ejusque felicitate - versio Belgica. ad antiquissimi codicis fidem edidit et praefatus est Car. Schaarschmidt. Amstelodami: *Apud* Fredericum Muller, 1869.[42]

VLOTEN, Johannes van; LAND, J. P. N. *Benedicti de Spinoza.Opera quotquot reperta sunt.* Recognoverunt J. van Vloten et J. P. N. Land. Editio Tertia. Hagae-Comitum: *Apud* M. Nijhoff, 1914. 4 v. KV: v. 4, p.1-99.[43]

Manuscrito B

GEBHARDT, Carl. *Spinoza Opera.* Im Auftrag der Heidelberger Akademie der Wissenschaften herausgegeben von Carl Gebhardt. Heildelberg: Carl Winter, 1925; 2. Auflage 1972. 4 v. KV: v. I, p. 526-609.

VLOTEN, Johannes van. *Benedicti de Spinoza Opera quae supersunt omnia supplementum. Continens Tractatum hucusque ineditum de Deo et homine, Tractatulum de Iride, Epistolas nonnullas ineditas, et ad eas vitamque philosophi collectanea.* Cum philosophi chirographo ejusque imagine photographica, ex originali hospitis H. van der Spijck. Amstelodami: *Apud* Fredericum Muller, 1862. p. 1-251 (páginas ímpares).[44]

Traduções do *Breve tratado*

Alemão

SCHAARSCHMIDT, Carl. *B. de Spinoza:* Kurzgefasste Abhandlung von Gott, dem Menschen und dessen Glück. Berlin: L. Heimann, 1869 (reed. 1874, 1907).

---

[42] Para Mignini, é a edição do manuscrito A, mas incompleta (op. cit., p. 114).

[43] Segundo Appuhn, esta edição de van Vloten do *Korte Verhandeling* é a reprodução quase integral dos dois textos, o manuscrito A e o B (*op. cit.*, p. 17). Para Mignini, é o manuscrito A com as variantes mais notáveis do manuscrito B (*op. cit.*, p. 26).

[44] Segundo Appuhn, em sua tradução para o latim e na publicação do texto encontrado pelo livreiro Fr. Muller (manuscrito B), van Vloten não deixou de fazer "alguns empréstimos" ao texto que se encontrava com o poeta holandês A. Bogaers (manuscrito A). (Op. cit., p. 17). Para Mignini esta é a edição do manuscrito B, com integração do manuscrito A (op. cit., p. 114).

Espanhol

CALÉS, Mario; COHAN, Oscar. *Spinoza Obras Completas*. Prologada por Abraham J. Weiss y Gregorio Weimberg, traducciones de Mario Calés y Oscar Cohan. Buenos Aires: Acervo Cultural, 1977. 5 v. KV: v. I, p. 111-226.

DOMÍNGUEZ, Atilano. *Spinoza: Tratado Breve*. Traducción, prólogo y notas de Atilano Domínguez. Madri: Alianza, 1990.

Francês

APPUHN, Charles. *Œuvres de Spinoza*. Traduction et notes par Charles Appuhn. Paris: GF Flammarion, 1964-1966. 4 v. KV: Œuvres 1, p. 29-166.

CAILLOIS, Roland; FRANCÈS, Madeleine; MISRAHI, Robert. *Spinoza Œuvres Complètes*. Texte traduite, présenté et annoté par R. Caillois, M. Francès et R. Misrahi. Paris: Gallimard, 1954, 1 v. (Bibliothèque de la Pléiade). KV: p. 9-95 (*Texte*) e p. 1359-1391 (*Notes*).

GANAULT, Joël. *Korte Verhandeling - Court Traité*. Texte établi par Filippo Mignini. Traduction par Joël Ganault. In: *Spinoza - Œuvres. I. Premiers Écrits*. Édition publiée sous la direction de Pierre-François Moreau. Paris: Presses Universitaires de France, 2009. p. 183-474.

JANET, Paul. *Court Traité sur Dieu, L'Homme et la Béatitude*. Traduit pour la premiére fois en français et précédé d'une introduction par Paul Janet. Paris: Germer Baillière et Cie., 1878.

Inglês

ROBINSON, Lydia Gillingham. *Spinoza's Short Treatise on God, Man, and Human Welfare*. Translated by Lydia Gillingham Robinson. Chicago: The Open Court Pub., 1909 [General Books Publication, 2009].

SHIRLEY, Samuel. *Short Treatise on God, Man, and his Well-Being*. In: *Spinoza Complete Works*. Translations by Samuel Shirley. Edited, with Introduction and Notes, by Michael L. Morgan. Indianapolis/Cambridge: Hackett Publishing Company, 2002. p. 31-107.

WOLF, A. *Spinoza's short treatise on God, man and Human well-being*. Londres: 1910. Disponível em: <http://home.earthlink.net/~tneff/index3.htm>. Acesso em: 25 set. 2011.

WOLF, A. *Spinoza's short treatise on God, man and Human well-being*. Translated and edited, with an introduction and commentary and a Life of Spinoza by A. Wolf. Londres: Adam and Charles Black, 1910.

Italiano

MIGNINI, Filippo. *Spinoza - Korte Verhandeling, van God, de Mensch, en deszelvs Welstand = Breve Trattato su Dio, l'uomo e il suo bene*. Introduzione, edizione, traduzione e commento di Filippo Mignini. L'Aquila: Japadre, 1986. p. 121-365 (páginas ímpares).

Latim

VLOTEN, Johannes van. *Benedicti de Spinoza Opera quae supersunt omnia supplementum. Continens Tractatum hucusque ineditum de Deo et homine, Tractatulum de Iride, Epistolas nonnullas ineditas, et ad eas vitamque philosophi collectanea.* Cum philosophi chirographo ejusque imagine photographica, ex originali hospitis H. van der Spijck. Amstelodami: *Apud* Fredericum Muller, 1862. p. 2-250 (páginas pares).

Instrumentos de trabalho

Léxicos

DELEUZE, Gilles. *Index des Principaux Concepts de l'Éthique.* In: *Spinoza - Philosophie Pratique.* Paris: Minuit, 1981. p. 63-148.

GHJ [Gerrit H. Jongeneelen]. *Lexical fields.* In: *Spinoza Korte Verhandeling van God de mensch en deszelvs Welstand.* Disponível em: <http://home.wanadoo.nl/vvdghj/KV/>. Acesso em: 25 set. 2011.

GHJ [Gerrit H. Jongeneelen]. *Vocabulary.* In: *Spinoza Korte Verhandeling van God de mensch en deszelvs Welstand.* Disponível em: <http://home.wanadoo.nl/vvdghj/KV/>. Acesso em: 25 set. 2011.

GIANCOTTI BOSCHERINI, Emilia. *Lexicon Spinozanum.* La Haye: Martinus Nijhoff, 1970. 2 v. (*Archives Internationales D'Histoire des Idées*).

RAMOND, Charles. *Dictionnaire Spinoza.* Paris: Ellipses, 2007.

RAMOND, Charles. *Vocabulário de Espinosa.* Tradução de Cláudia Berliner. Revisão Técnica de Homero Santiago. São Paulo: Martins Fontes, 2010.

Estudos bibliográficos e biográficos de Espinosa

BAYLE, Pierre. *Article Spinoza.* In: *Écrits sur Spinoza.* Textes choisis et présentés par Françoise Charles-Daubert et Pierre François Moreau. Paris: Berg International, 1983. p. 19-110. (Collection L'Autre Rive).

BAYLE, Pierre. *Article Spinoza.* In: *Escritos sobre Spinoza y el spinozismo.* Edición, introductión y tradución de Pedro Lomba. Madrid: Editorial Trotta, 2010. p. 35-123. (Clásicos de la cultura).

CAMPOS, André dos Santos. Spinoza e Espinosa: excurso antroponímico. *Revista Conatus – Filosofia de Spinoza*, Fortaleza, v. 1, n. 1, p. 19-26, jul. 2007.

CARVALHO, Joaquim de. Sobre o lugar de origem dos antepassados de Baruch de Espinosa. In: *Obra Completa de Joaquim de Carvalho, I - Filosofia e História da Filosofia (1916-1934).* 2. ed. Lisboa: Fundação Calouste Gulbenkian, 1981. p. 367-401.

COLERUS, Jean. *La Vie de B. de Spinoza: tirée des écrits de ce fameux philosophe et du témoignage de plusiers personnes dignes de foi, qui l'ont connu particuliérement...* La Haye: Chez T. Johnson, MDCCVI. [1706].

COLERUS, Jean. *Vida de Spinoza: por Colerus*. Tradução de Emanuel Angelo da Rocha Fragoso. Disponível em: <http://www.benedictusdespinoza.pro. br/4939/15139.html>. Acesso em: 25 set. 2011.

DOMÍNGUEZ, Atilano. (Org.). *Biografías de Spinoza*. Selección, traducción, introducción, notas y índices por Atilano Domínguez. Madri: Alianza, 1995.

FRAGOSO, Emanuel Angelo da Rocha. *Biblioteca de Spinoza*. Disponível em: <http://www. benedictusdespinoza.pro.br/4939/14760.html>. Acesso em: 25 set. 2011.

FRAGOSO, Emanuel Angelo da Rocha. *Breve Introdução*. Disponível em: <http://www. benedictusdespinoza.pro.br/4939/14739.html>. Acesso em: 25 set. 2011.

FRAGOSO, Emanuel Angelo da Rocha. *O nome de Spinoza*. Disponível em: <http://www.benedictusdespinoza.pro.br/ 4939/17139.html>. Acesso em: 25 set. 2011.

FREUDENTHAL, Jacob. *Die Lebensgeschichte Spinoza's*. Leipzig: Verlag von Veit et Comp., 1899. p. 1-238 (Texto) e p. 239-304 (notas).

JELLES, Jarig. *Prefácio às Obras Póstumas de B. d. S.* (1677). In: ABREU, Luís Machado de. *Uma Apologia de Spinoza − O Prefácio às Obras Póstumas. Revista da Universidade de Aveiro/Letras*. Aveiro: VIII-6, p. 307-329, 1985.

KORTHOLT, S. *Prefácio ao de Tribus Impostoribus*. Tradução e notas de Emanuel Angelo da Rocha Fragoso e Flora Bezerra da Rocha Fragoso. *Revista Conatus - Filosofia de Spinoza*, Fortaleza, v. 2, n. 3, p. 91-93, jul. 2008.

LINDE, Antonius van der. *Benedictus Spinoza. Bibliografie*. Den Haag: Martinus Nijhoff, 1871.

LUCAS, Jean-Maximilien. *A vida do senhor Baruch de Espinosa, por um de seus discípulos*. In: ANÔNIMO clandestino do século XVIII. *A vida e o espírito de Baruch de Espinosa. Tratado dos três impostores*. Tradução de Éclair Antonio Almeida Filho. São Paulo: Martins, 2007. p. 23-55.

LUCAS, Jean-Maximilien. *A vida do senhor Baruch de Espinosa, por um de seus discípulos*. Tradução e notas de Emanuel Angelo da Rocha Fragoso e Flora Bezerra da Rocha Fragoso. *Revista Conatus - Filosofia de Spinoza*, Fortaleza, v. 3, n. 5, p. 89-102, jul. 2009.

LUCAS, Jean-Maximilien. *La Vie de Feu Monsieur de Spinosa* [*sic*]. In: WOLF, A. *The Oldest Biography of Spinoza*. Edited with translation, introduction, annotations by A. Wolf. Port Washington (New York)/Londres: Kennikat Press, p. 91-128, First published in 1927, reissued in 1970.

MEINSMA, Koenraad Oege. *Spinoza et son Cercle*. Traduit du néerlandais par S. Roosenburg. Appendices latins et allemands traduits par J.-P. Osier. Paris: J. Vrin, 1983, 1. ed. 1896.

PRÉPOSIET, Jean. *Bibliographie Spinoziste*. Besançon: Faculté des Lettres et Sciences Humaines, 1973. (Annales Littéraires de L'Université de Besançon).

WOLF, A. *The Oldest Biography of Spinoza*. Edited with translation, introduction, annotations by A. Wolf. Port Washington (New York)/Londres: Kennikat Press, p. 91-128, First published in 1927, reissued in 1970.

Estudos, comentários e referências sobre o *Breve tratado*

APPUHN, Charles. *Notice relative au* Court Traité. In: *Œuvres de Spinoza*. Traduction et notes par Charles Appuhn. Paris: GF Flammarion, 1964. Œuvres 1, p. 13-28.

APPUHN, Charles. *Notice relative au* Court Traité. In: *Œuvres de Spinoza*. Traduction et notes par Charles Appuhn. Disponível em: <http://hyperspinoza. caute.lautre.net/article. php3?id_article=1674>. Acesso em: 25 set. 2011.

BOEHMER, Eduard. *Benedicti de Spinoza Tractatus de Deo et homine eiusque felicitate lineamenta atque adnotationes ad Tractatum Theologico-Politicum:* edidit et illustravit Eduardus Boehmer. Halae ad Salam: J. F. Lippert, 1852.

BRUDER, Carolus Hermannus. *Præfatio*. In: *Benedicti de Spinoza Opera quæ supersunt omnia:* Ex editionibus principibus denuo edidit... Editio stereotypa. Lipsiæ: Typis et sumtibus Bernh. Tauchnitz Jun., 1843. v. 1, p. III-XVI.

DOMÍNGUEZ, Atilano. *Introducción*. In: *Spinoza: Tratado Breve*. Traducción, prólogo y notas de Atilano Domínguez. Madri: Alianza, 1990. p. 7-49.

FRANCÈS, Madeleine. *Notice*. In: CAILLOIS, Roland; FRANCÈS, Madeleine; MISRAHI, Robert. *Spinoza Œuvres Complètes*. Texte traduite, présenté et annoté par R. Caillois, M. Francès et R. Misrahi. Paris: Gallimard, 1954. 1 v. (Bibliothèque de la Pléiade). p. 3-14.

GHJ [Gerrit H. Jongeneelen]. *Introduction*. In: *Spinoza Korte Verhandeling van GOD de MENSCH en deszelvs WELSTAND*. Disponível em: <http://home. wanadoo.nl/vvdghj/ KV/ch03s01.html>. Acesso em: 25 set. 2011.

GUHRAUER, G. E. Contribution à la connaissance des XVIIe et XVIIIe siècles tirée des notes manuscrites de Gotlieb Stolle. Communication de G. E. Guhrauer. In: MEINSMA, Koenraad Oege. *Spinoza et son Cercle*. Traduit du néerlandais par S. Roosenburg. Appendices latins et allemands traduits par J.-P. Osier. Paris: J. Vrin, 1983, 1 ed. 1896. p. 513-515.

JANET, Paul. *Introduction*. In: *Court Traité sur Dieu, L'Homme et la Béatitude*. Traduit pour la première fois en français et précédé d'une introduction par Paul Janet. Paris: Germer Baillière et Cie., 1878. p. I-LI.

MIGNINI, Filippo. (Org.). *Dio, L'Uomo, La libertà: Studio sul Breve Trattato di Spinoza*. L'Aquila-Roma: Japadre, 1990. (Methodos).

MIGNINI, Filippo. *Introduction au* Court Traité. Traduit par Lorenzo Vinciguerra. In: *Spinoza – Œuvres. I. Premiers Écrits*. Édition publiée sous la direction de Pierre-François Moreau. Paris: Presses Universitaires de France, 2009. p. 159-180.

MIGNINI, Filippo. *Introduzione*. In: *Spinoza - Korte Verhandeling, van God, de Mensch, en deszelvs Welstand = Breve Trattato su Dio, l'uomo e il suo bene*. Introduzione, edizione, traduzione e commento di Filippo Mignini. L'Aquila: Japadre, 1986. p. 11-118.

MURR, Christophorus Theophilus de. *Benedicti de Spinoza Adnotationes ad Tractatum Theologico Politicum:* Autographo edidit ac Præfatus est, addita notitia scriptorum philosophi... Hagae-Comitum: [s.n.], MDCCCII [1802].

SAISSET, Émile. *Bibliographie Générale des Œuvres de Spinoza*. In: *Œuvres de Spinoza*. Traduites par Émile Saisset. Paris: Charpentier, Libraire-Éditeur, 1842. v. 1, p. CV-CVIII.

SAISSET, Émile. *Notice bibliographique*. In: *Œuvres de Spinoza*. Traduites par Émile Saisset. Paris: Charpentier, Libraire-Éditeur, 1861. v. 2, p. LVI-LXVIII.

STOLLE, Gottlieb. *Anleitung zur Historie der Gelehrheit:* Denen zum besten... Jena: J. Meyers seel. Erben., 1736. [Introdução à História da Erudição].

VLOTEN, Johannes van. *Præfatio*. In: *Benedicti de Spinoza Opera quae supersunt omnia supplementum. Continens Tractatum hucusque ineditum de Deo et homine, Tractatulum de Iride, Epistolas nonnullas ineditas, et ad eas vitamque philosophi collectanea*. Cum philosophi chirographo ejusque imagine photographica, ex originali hospitis H. van der Spijck. Amstelodami: *Apud* Fredericum Muller, 1862. p. I-V.

WOLF, A. *History of the* Short Treatise. In: *Spinoza's short treatise on God, man and Human well-being*. Translated and edited, with an introduction and commentary and a Life of Spinoza by A. Wolf. London: Adam and Charles Black, 1910. p. ciii-cxxvii.

Breve tratado de Deus, do homem e do seu bem-estar

Prefácio

Redigido anteriormente na língua latina por Baruch de Espinosa para uso de seus discípulos, que queriam dar-se ao exercício da *ética* e da *verdadeira filosofia*.

E agora traduzido para a língua neerlandesa para uso dos amantes da *verdade e* da *virtude*: para que possa finalmente ser tapada a boca aos que se vangloriam tanto neste domínio, ao extremo de impor aos simples seu esterco e sua imundície como se fora o âmbar-gris mais precioso, para que enfim deixem de maldizer o que ainda não entendem: *Deus, eles mesmos e ajudar a promover o mútuo bem-estar*. E para que os enfermos do intelecto[45] sejam curados pelo espírito da doçura e da tolerância, de acordo com o exemplo do *senhor Cristo*, nosso melhor *mestre*.

---

[45] O termo holandês "verstand" será traduzido por "intelecto", e não por "entendimento", seguindo, assim, a maior parte das traduções em língua portuguesa do equivalente latino "intelectus", termo fundamental na obra de Espinosa. No entanto, o verbo correspondente "verstaan" será traduzido majoritariamente por "entender", visto que o verbo "inteligir" tem uso limitado no português contemporâneo. Cabe ao leitor ter em mente a conexão "intelecto-entender", cuja evidência no holandês se perde na tradução. Essa opção, por outro lado, levará a formulações que soarão estranhas ao leitor das outras obras do filósofo, como "entendido por si" ou "entendido por outro", as quais correspondem às expressões "concebido por si" e "concebido por outro" da *Ética*. Unificar essas formulações seria tentador, sobretudo levando em conta que o tradutor do *Breve tratado* para o holandês pode ter sido impreciso ao lidar com termos latinos de Espinosa. No entanto, preferimos manter a fidelidade ao texto holandês, deixando aos intérpretes as aproximações conceituais necessárias. (N.T.)

Primeira Parte: de Deus e de quanto Lhe pertence[46]

Capítulo I: que Deus existe [é][47]

[1] Acerca do primeiro ponto – a saber, se existe um Deus –, nós dizemos que isto pode ser demonstrado:

Primeiro *a priori*, como segue:

1. *Tudo o que nós clara e distintamente entendemos pertencer à natureza[48] de uma coisa, nós o podemos afirmar também com verdade desta coisa.*

Mas podemos entender clara e distintamente que a existência pertence à natureza de Deus. Logo.

[2] E também de outra maneira:

2. *As essências das coisas são desde toda a eternidade e permanecerão imutáveis por toda a eternidade.*

---

[46] O título e a sua precisão ("Primeira Parte: de Deus e de quanto lhe pertence") não constam em nenhum dos manuscritos (A e B). Segundo Domínguez, teria sido Gebhardt que o introduzira posteriormente, utilizando-se do resumo apresentado no *Breve compêndio*, composto por Monnikhoff e reproduzido ao final desta edição. (N.T.)

[47] Os termos entre colchetes são acréscimos de nossa edição, podendo indicar ou alternativas de tradução (ex.: existe [é]) ou a inserção de palavras para dar sentido a frases truncadas no original (ex.: o primeiro ponto [do parágrafo anterior]) ou traduções de termos latinos que estavam inseridos no original holandês (ex.: ens rationis [ente de razão]). Os parênteses, por outro lado, são do próprio texto original. (N.T.)

[48] Entenda-se: a natureza determinada, pela qual a coisa é aquilo que é, e que não pode, de maneira nenhuma, ser separada dela sem também aniquilar a coisa. Assim, à essência de um monte pertence que tenha um vale ou [em outros termos] a essência de uma montanha é que tenha um vale: o que é verdadeiramente eterno e imutável e deve sempre estar no conceito de um monte, ainda que este não exista nem nunca tenha existido.

A existência de Deus é essência. LOGO.

[3] *A posteriori*, da seguinte maneira:

Se o homem tem uma ideia de Deus, então Deus deve existir formalmente.[49]

Mas o homem tem uma ideia de Deus. LOGO.

[4] O primeiro ponto [do parágrafo anterior] demonstramos assim:

Se existe uma ideia de Deus, a causa desta ideia deve existir [ser] formalmente e conter em si mesma tudo o que a ideia contém objetivamente; mas existe uma ideia de Deus. *LOGO.*

[5] Para mostrar a primeira parte deste último raciocínio, estabelecemos os seguintes princípios fundamentais, a saber:

1. *Que as coisas cognoscíveis são infinitas.*

2. *Que um intelecto finito não pode conter o infinito.*

3. *Que um intelecto finito não pode entender nada por si mesmo se não está determinado por algo exterior;* pois, assim como não tem poder para entender tudo simultaneamente, tampouco tem o poder, por exemplo, para começar ou pôr-se a entender isto antes daquilo, ou aquilo antes disto. Não podendo, pois, nem o primeiro tampouco o segundo, não pode nada [por si mesmo].

[6] A primeira parte (ou *maior*) [do § 4] se demonstra assim:

Se a própria ficção humana fosse a única causa de sua ideia, seria impossível que o homem pudesse conceber algo; mas ele pode conceber alguma coisa. *Logo.*

[7] A primeira parte [do § 6] se demonstra pelo primeiro princípio fundamental: nomeadamente, *que as coisas cognoscíveis são infinitas*, e, de

---

[49] Da definição que se faz mais adiante, no Capítulo II, de que Deus tem infinitos atributos, podemos demonstrar sua existência como se segue: tudo aquilo que clara e distintamente vemos pertencer à natureza de uma coisa, também o podemos afirmar com verdade desta coisa; mas à natureza de um ser que tem infinitos atributos pertence um atributo que é existir [ser]. *Logo.*

A esse respeito, objetar agora que isso é afirmado da ideia, porém não da própria coisa, é falso: com efeito, a ideia não consiste *materialmente* no atributo que pertence a este ser, de sorte que o que se afirma [dela] não é afirmado da coisa nem daquilo que é afirmado da coisa. Assim, entre a ideia e o ideado existe uma grande diferença; e, portanto, o que se afirma da coisa não se afirma da ideia, *et vice-versa*.

acordo com o segundo princípio fundamental, o intelecto humano não pode entender tudo, porque é limitado e, não sendo determinado por nenhuma coisa externa a entender isto antes que aquilo ou aquilo antes que isto, ser-lhe-á impossível, segundo o terceiro princípio, poder entender o que quer que seja.

[8] Por tudo isso, fica demonstrada a segunda afirmação [do § 6], nomeadamente, *que a causa da ideia que o homem tem não é a própria ficção humana,*[50] *mas sim uma causa exterior que obriga o homem a entender uma*

---

[50] Ademais, dizer que esta ideia é uma ficção é também falso, porque é impossível tê-la se não há tal ideia. E issto já foi mostrado aqui [§§ 6-7]; porém acrescentaremos o seguinte.

É muito certo que, de uma ideia que nos veio uma primeira vez da própria coisa, e que tenha sido assim transformada por nós em algo universal (*in abstracto*), a partir dela são forjadas depois em nosso intelecto muitas ideias particulares, que podemos associar a muitas outras e também a propriedades abstraídas de outras coisas. Mas é impossível poder fazer isso se não tivermos conhecido previamente a coisa mesma da qual foram abstraídas. Mas uma vez estabelecido que essa ideia é uma ficção, todas as *outras ideias** que temos também devem ser, e não com menor motivo, ficções.

Se isso é assim, de onde nos provém, então, uma diferença tão grande [entre as ideias]? Pois vemos algumas que é impossível que existam, por exemplo, todos os animais monstruosos que poderíamos formar unindo duas naturezas, como um animal que fora um pássaro e um cavalo, e outros seres semelhantes que é impossível que possam ocorrer na Natureza, a qual encontramos constituída diferentemente. *Outras ideias**: é sem dúvida possível, mas não necessário, que existam; todavia, existam ou não existam, sua essência é sempre necessária, como a ideia de um triângulo e aquela do amor na mente sem o corpo, etc. De sorte que, ainda que eu primeiro tenha pensado que as havia forjado, me veria depois forçado a dizer que não são menos as mesmas e nem o seriam, por mais que nem eu e nem homem algum jamais tivéssemos pensado nelas. Daí que não são forjadas por mim e, ademais, devem ter fora de mim um *subjectum*, que não sou eu, *subjectum* sem o qual não podem existir. Além dessas, existe ainda *uma terceira ideia*, mas ela é *uma única*; e ela leva consigo uma existência necessária e não, como as precedentes, somente a possibilidade de existir: porque a essência daquelas era sem dúvida necessária, mas não sua existência; em troca, nesta a existência e a essência são ambas necessárias, e sem ela nada existe. Assim, então, eu vejo agora que de mim não depende nenhuma verdade, essência ou existência de nenhuma coisa, porque, como está provado na segunda classe de ideias, elas são o que são sem mim, seja segundo a essência somente, seja segundo a essência e a existência juntas. E assim também, e muito mais, constato que isso é verdade com respeito a esta terceira ideia única, não somente que ela não depende de mim, mas também, ao contrário, que *somente* Ele (Deus) deve ser o *subjectum* do que eu afirmo d'Ele. De maneira que, se Ele

coisa antes da outra, sendo isso nada outro senão que as coisas existem formalmente e estão umas mais próximas a ele do que outras, cuja essência objetiva está em seu intelecto. Assim, visto que o homem tem a ideia de Deus, está claro que Deus deve existir formalmente, e não eminentemente, posto que acima ou fora d'Ele não há nada mais real ou mais excelente.

[9] Agora, que o homem tenha a ideia de Deus [como se afirma na menor do § 3], isso está claro, posto que ele entende Seus atributos[51] e esses atributos não podem ser produzidos por ele, já que é imperfeito.

Mas que ele [o homem] entenda esses atributos, isso se depreende com evidência de que ele sabe, por exemplo, que o infinito não pode estar composto de partes diversas limitadas; que não podem existir dois infinitos, mas *somente um*; e esse infinito é perfeito e imutável,[52] pois é

---

não existisse, eu não poderia absolutamente afirmar nada d'Ele, ao contrário do que se faz a respeito de outras coisas, ainda que não existam. Donde Ele deve ser o *subjectum* de todas as outras coisas.

Além do que até agora foi dito, resultando claro que a ideia de infinitos atributos no ser perfeito não é uma ficção, ainda acrescentaremos o que se segue:

Depois das anteriores investigações acerca da Natureza, não pudemos até agora encontrar nela mais que dois atributos que pertencem a esse ser absolutamente perfeito. Estes, todavia, não nos dão o que possa nos deixar satisfeitos, como se eles fossem tudo aquilo em que poderia consistir esse ser perfeito, ao contrário, encontramos em nós um *algo* que nos aponta claramente não apenas a mais, mas também a infinitos atributos perfeitos que são próprios a esse ser perfeito, para que se possa dizê-lo perfeito. E de onde provém essa ideia de perfeição? Este *algo* não pode proceder daqueles dois [atributos]: pois dois não são mais que dois, e não o infinito, *logo*, de onde provém? De mim nunca, a menos que eu deva poder dar também o que não tenho; de onde, então, senão dos próprios atributos infinitos, que nos dizem que existem, sem dizer-nos, em troca, ao menos até agora, o que são? Pois somente de dois sabemos o que são.

[51] Seus atributos: ou melhor, "posto que ele entende o que é próprio de Deus", dado que essas coisas [infinitude, perfeição, imutabilidade, onipotência] não são atributos de Deus. Deus sem dúvida não é Deus sem elas; porém não o é por elas, posto que não dão a conhecer nada substancial, mas são unicamente como adjetivos, que exigem os substantivos para serem compreendidos.

[52] A causa dessa mudança deveria estar ou fora ou dentro dela [da coisa]: não fora, já que nenhuma substância que, como esta, existe por si mesma, depende de algo exterior a ela; logo, não está submetida a nenhuma mudança de fora. Tampouco dentro dela: já que nenhuma coisa, e menos ainda esta, quer sua própria corrupção. Toda corrupção provém de fora.

bem sabido que nenhuma coisa busca, por si mesma, sua própria aniquilação; e que tampouco pode se transformar em algo melhor, dado que é perfeito, senão não o seria; ou tampouco que possa estar submetido a algo que proceda do exterior, já que é onipotente, etc.

[10] De tudo isso se segue claramente que se pode demonstrar, *a priori* e *a posteriori*, que Deus existe. Porém, é melhor [a demonstração] *a priori*. Porque as coisas que [não] se demonstram assim, deve-se prová-las por suas causas externas, o que constitui para elas uma imperfeição manifesta, porque não podem dar-se a conhecer a si mesmas por si mesmas, mas somente através de causas exteriores. Deus, ao contrário, por ser a primeira causa de todas as coisas e causa também de si mesmo, dá-se a conhecer a si mesmo por si mesmo. Por conseguinte, não tem grande valor o que diz *Tomás de Aquino*: a saber, que Deus não poderia ser demonstrado *a priori* porque certamente não tem causa alguma.

Capítulo II: o que Deus é

[1] Depois de haver demonstrado acima que Deus existe, será agora o momento de mostrar o que Ele é: dissemos que Ele é *um ser do qual é afirmado tudo, a saber, infinitos atributos,*[53] *cada um dos quais é infinitamente perfeito em seu gênero.*

[2] Para expressar claramente a nossa opinião sobre isso, devemos formular previamente os quatro pontos seguintes:

1. *Que não existe nenhuma substância limitada,*[54] *mas sim que toda substância deve ser infinitamente perfeita em seu gênero, isto é, que no intelecto infinito de*

---

[53] A razão é que, como o *nada* não pode ter nenhum atributo, o *todo* deve ter todos os atributos. E, assim como o *nada* não tem nenhum atributo, porque nada é, assim o *algo* tem atributos, porque é *algo*. *Logo*, quanto mais é *algo*, mais atributos deve ter, e, por conseguinte, Deus, por ser o mais perfeito, o infinito, todo o *algo*, também deve ter infinitos, perfeitos e todos os atributos.

[54] Se podemos provar que não pode existir nenhuma *substância limitada*, então toda *substância ilimitada* deve pertencer à essência divina. Nós o faremos como segue:
1. Ou ela deve ter se limitado *a si mesma* ou deve tê-la limitado *uma outra*. Não ela a si mesma, porque havendo sido ilimitada, deveria ter mudado toda a sua essência. Tampouco foi limitada por outra, já que esta deveria ser limitada ou ilimitada: não o primeiro, *logo*, o último, *logo*, esta é Deus. Este, então, deveria tê-la limitado porque lhe faltou o poder ou a vontade: mas o primeiro é contrário a sua onipotência e o segundo a sua bondade.
2. Que *não pode existir nenhuma substância limitada*, isso resulta claro porque, do contrário, ela teria necessariamente algo que vem do nada, o que é impossível. Pois de onde tem ela o que a distingue de Deus? Nunca de Deus, porque ele não tem nada imperfeito ou limitado, etc. *Logo*, de onde senão do nada? *Logo*: nenhuma substância senão ilimitada.

Deus não pode haver uma substância mais perfeita que aquela que já existe na Natureza.

2. *Que tampouco existem duas substâncias iguais.*

3. *Que uma substância não pode produzir outra.*

4. *Que no intelecto infinito de Deus não há nenhuma substância além daquela que existe formalmente na Natureza.*

[3] Quanto ao primeiro, a saber, *que não existe nenhuma substância limitada, etc.*, se alguém quiser sustentar o contrário, nós lhe perguntaremos o seguinte: se esta substância é limitada por si mesma, isto é, se quis fazer-se a si mesma assim limitada, e não ilimitada; ou então se ela é tal pela sua causa, a qual ou não pôde ou não quis dar-lhe mais.

[4] A primeira alternativa não é verdadeira, porque não é possível que uma substância tenha querido limitar-se a si mesma, e particularmente uma substância que existe por si mesma. *LOGO*, digo eu, será limitada pela sua causa, a qual necessariamente é Deus.

[5] Ademais, se é limitada pela sua causa, isto se deve ou bem a que sua causa não tenha podido dar-lhe mais, ou bem a que não tenha querido dar-lhe mais: que Ele [Deus] não haja podido mais, contradiz a sua onipotência;[55] *que Ele* não haja querido mais, presumindo que

---

Daqui se segue que *não podem existir duas substâncias infinitas iguais*: porque, se se afirmam estas, há necessariamente limitação.

E disso segue que *uma substância não pode produzir outra.* Demonstramo-lo assim: *a causa que produziria esta substância deve ter o mesmo atributo que a substância produzida e, ademais, ou tanta perfeição, ou mais, ou menos. Não o primeiro, porque então haveria duas iguais. Não o segundo, porque uma seria limitada. Não o terceiro, porque do nada não procede algo.* De outra maneira: se do ilimitado procede o limitado, o ilimitado será também limitado, etc. *Logo*, uma substância não pode produzir outra.

E disso se segue, então, *que toda substância deve existir formalmente*, porque, se não [existe], não há possibilidade alguma de que possa vir a existir.

55 Dizer sobre isso *que a natureza da coisa assim o exigia, e que por isso não poderia ser de outro modo*, é nada dizer: porque a natureza da coisa não pode exigir nada se ela não é [existe]. Dizeis que se pode ver o que pertence à natureza de uma coisa que não é [existe]: isto é verdade *quo ad existentiam* [a respeito da existência], mas de modo algum *quo ad essentiam* [a respeito da essência]. E aí reside a diferença entre *criar* e *gerar. Criar* é pôr uma coisa *quo ad essentiam et existentiam simul* [simultaneamente quanto à essência e quanto à existência]; mas gerar, em troca, é quando a coisa surge

possa, supõe a inveja, a qual não está de modo algum em Deus, que é a plenitude de todos os bens.

[6] Quanto ao segundo, *que não existem duas substâncias iguais*, nós o demonstramos porque cada substância é perfeita em seu gênero, pois, se houvesse duas [substâncias] iguais, necessariamente uma limitaria a outra e, por conseguinte, não seria infinita, como anteriormente demonstramos.

[7] Com respeito ao terceiro, a saber, *que uma substância não pode produzir outra*, se, uma vez mais, alguém pretender defender o contrário, nós lhe perguntaremos isto: se a causa que deveria produzir a dita substância teria ou não os mesmos atributos que a substância produzida.

[8] Não a última alternativa, porque do nada não pode proceder algo; *logo*, a primeira. Então perguntaríamos a seguir: se no atributo, que seria a causa do produzido, há tanta perfeição como no produzido, ou menos, ou mais. Menos, dizemos, não pode haver, pelas razões aduzidas; mais, tampouco, porque então este segundo seria limitado, o qual está em contradição com quanto até agora demonstramos. *Logo*, haverá tanta perfeição como no produzido e, *logo*, igual [perfeição]. São, pois, duas substâncias iguais, o que contradiz claramente nossa demonstração precedente.

[9] Ademais, o que foi criado não surgiu do nada, mas necessariamente deve ter sido criado por Aquele que existe essencialmente. Mas nós não podemos compreender com nosso intelecto que algo tenha procedido de uma coisa e que, não obstante, esta continue tendo este algo depois de tê-lo produzido.

[10] Finalmente, se queremos buscar a causa daquela substância que é o princípio das coisas que procedem do seu atributo, teremos que buscar, por sua vez, a causa dessa causa e, depois, de novo a causa dessa causa, *et sic in infinitum*; de maneira que, se devemos necessariamente

---

quo ad existentiam solum [somente quanto à existência]. Daí que agora não haja na Natureza criação alguma, mas somente geração. De sorte que, se Deus cria, Ele *cria a natureza da coisa juntamente com a coisa*. E por isso seria invejoso se, podendo e não querendo, houvera criado a coisa de tal forma que esta não concordasse *in essentia et existentia* com sua causa. Porém, o que nós chamamos aqui criar não se pode dizer, a rigor, que haja ocorrido alguma vez, e não o fazemos senão para indicar o que podemos dizer quando distinguimos entre *criar* e *gerar*.

nos deter e repousar em alguma parte, é necessário que repousemos nesta substância única.

[11] O quarto, que *não existe no intelecto infinito de Deus nenhuma substância ou atributo além daqueles que existem formalmente na Natureza*, isso pode e será demonstrado por nós:

1. A partir do infinito poder de Deus, porque não pode existir causa alguma pela qual Ele possa ter sido movido a criar uma antes ou de preferência a outra.

2. A partir da simplicidade de sua vontade.

3. Porque Ele não pode deixar de fazer o que é bom, como demonstraremos mais adiante.

4. Porque aquilo que agora não existe é impossível que chegue a existir, dado que uma substância não pode produzir outra. E mais, no caso de tal ocorrer, deveria haver infinitamente mais substâncias não existindo do que existindo, o que é absurdo.

[12] De tudo isso se segue: que da Natureza se afirma absolutamente tudo e que, portanto, a Natureza consiste em infinitos atributos, cada um dos quais é perfeito em seu gênero. O que concorda perfeitamente com a definição que se dá de Deus.

[13] Contra o que acabamos de dizer, nomeadamente, que no intelecto infinito de Deus não há coisa alguma além daquilo que existe formalmente na Natureza, alguns pretendem argumentar da seguinte maneira: se Deus já criou tudo, já não pode criar nada mais, porém, que Ele não possa criar nada mais, contradiz a sua onipotência. *Logo.*

[14] Quanto ao primeiro, concedemos que Deus não pode criar nada mais. E pelo que concerne ao segundo, reconhecemos que, se Deus não pudesse criar tudo o que é criável, isso seria contrário à sua onipotência, mas não será absolutamente contrário à sua onipotência não poder criar o que é em si contraditório, como é [contraditório] afirmar que Ele criou tudo e que possa continuar criando. Pois certamente implica uma maior perfeição em Deus que tenha criado tudo o que estava em seu intelecto infinito, do que não havê-lo criado e nem jamais, como dizem, ter podido criá-lo.

[15] Por que, então, se fala tanto desse assunto? Não argumentam ou não devem argumentar eles como segue? Se Deus é onisciente,[56] nada mais pode saber: mas, que Deus não possa saber mais, contradiz a sua perfeição; *logo.*

Ora, se Deus tem tudo no seu intelecto e, através da sua infinita perfeição nada mais pode saber, por que nós não podemos dizer que Ele também produziu tudo o que tinha em seu intelecto e que faz com que isso exista ou venha a existir formalmente na Natureza?

[16] Posto que nós agora sabemos que tudo está igualmente no intelecto infinito de Deus e que não há causa alguma pela qual Ele tenha criado isto antes ou de preferência àquilo, e que poderia ter criado tudo num instante, vejamos se nós podemos empregar contra eles as mesmas armas que empunham contra nós. Nós o faremos como segue:

Se Deus jamais pode criar tanto que não possa criar ainda mais, jamais pode criar aquilo que pode criar, mas que Ele não possa criar aquilo que pode criar é contraditório em si mesmo. *Logo.*

[17] As razões pelas quais dissemos que todos esses atributos que existem na Natureza não são senão um ser único, e de nenhuma maneira seres diversos, porquanto podemos entender clara e distintamente a um sem o outro e este sem aquele, são estas:

1. Porque já descobrimos anteriormente que deve existir um ser infinito e perfeito, pelo qual não se pode entender outra coisa senão um ser tal que dele se deve afirmar absolutamente tudo. Com efeito, assim como a um ser que tem alguma essência se lhe devem atribuir [alguns] atributos, e tantos mais atributos quanto mais essência se lhe atribui, assim também, em consequência, um ser que é infinito deve ter infinitos atributos. E isso é justamente o que chamamos um ser perfeito.

2. Pela unidade que vemos por toda parte na Natureza, na qual, se fossem seres diversos, não poderiam de maneira nenhuma se unir um com o outro.[57]

---

[56] Isto é, se nós, a partir desta confissão, *os fazemos argumentar que Deus é onisciente*, então não podem argumentar de outra maneira.

[57] Isto é, se fossem substâncias diversas que não estivessem implicadas com um único ser, então a união seria impossível, já que vemos claramente que elas não têm entre si absolutamente nada em comum, como *pensamento* e *extensão*, em que, não obstante, consistimos.

3. Porque, como acabamos de ver que uma substância não pode produzir outra, assim também é impossível que uma substância que não existe[58] comece a existir. Vemos, por outra parte, que em nenhuma substância concebida separadamente (que sem dúvida sabemos que existe na Natureza) há alguma necessidade de realmente existir, dado que à sua essência particular não pertence nenhuma existência; donde deve se seguir necessariamente que a Natureza, que não procede de nenhuma causa e contudo sabemos muito bem que existe, deve ser necessariamente um ser perfeito, ao qual pertence a existência.

[18] De tudo o que dissemos até agora resulta claro que nós supomos que a extensão é um atributo de Deus, o qual não parece poder convir de modo algum a um ser perfeito: pois, dado que a extensão é divisível, o ser perfeito deveria constar de partes, coisa que não pode em absoluto convir a Deus, posto que é um ser simples. Ademais, se a extensão é dividida, então é passiva, o que tampouco pode jamais ter lugar em Deus (que é impassível e não pode padecer nada de outro, já que é a primeira causa eficiente de tudo).

[19] A isto respondemos:

1. Que parte e todo não são entes verdadeiros ou reais, mas somente entes de razão e, por conseguinte, *na Natureza*[59] não existe nem todo nem partes.

---

[58] *Isto é, se nenhuma substância pode ser senão existente e, todavia, nenhuma existência segue de sua essência quando esta é concebida isoladamente, conclui-se que ela não deve ser algo particular, mas sim algo que é atributo de outro, a saber, o uno, único e todo. Ou em outros termos: toda substância é existente, e nenhuma existência segue da essência de uma certa substância concebida por si mesma; LOGO, [tal] substância existente não pode ser concebida por si mesma, mas deve pertencer a algo outro.* Isto é, ao entender com nosso intelecto o pensamento e a extensão substanciais, só os entendemos em sua essência, e não em sua existência, isto é, [não entendemos] que sua existência pertence necessariamente à sua essência: porém, como nós provamos que ela [a tal substância] é um atributo de Deus, daí provamos *a priori* que existe; e *a posteriori* (somente em relação à extensão), a partir dos modos que a devem ter necessariamente como *subjectum*.

[59] Na *Natureza*, isto é, na *extensão substancial*; porque, se é dividida, simultaneamente são destruídas sua natureza e essência, já que somente consiste na extensão infinita ou, o que é igual, em ser o todo. Mas direis: não há nenhuma parte na extensão anterior a todos os modos? Em absoluto, respondo. Mas, dizeis vós, se há movimento na matéria, deve estar em uma parte dela, já que não pode estar no todo, porque é infinito: de fato, para onde seria movido? Fora dele não há nada; *logo*, deve então estar em uma parte.

2. Uma coisa composta de partes diversas deve ser tal que, se suas partes são tomadas em particular, uma pode ser compreendida e entendida sem a outra. Assim, por exemplo, em um relógio que está composto de numerosas rodas e cordas diferentes e de outras coisas, cada roda, corda, etc., pode, digo eu, ser compreendida e entendida em particular, sem que seja necessário considerar o todo, tal como está composto. Igualmente na água, composta de partículas retas e oblongas, pode cada uma delas ser compreendida e entendida, e existir, sem o todo; a extensão, contudo, sendo uma substância, não se pode dizer dela que tenha partes, dado que não pode se tornar nem menor nem maior, e nenhuma parte sua pode ser entendida em particular, porque ela deve ser infinita em sua natureza. Agora, que ela [a extensão] deva ser assim, isso segue de que, se não o fosse, mas consistisse em partes, não seria, como foi dito, de maneira nenhuma infinita por sua natureza. Porém, é impossível que se possam conceber partes em uma natureza infinita, porque todas as partes são finitas por sua natureza.

[20] Acrescente-se aqui isto: se fosse composta de partes diversas, poder-se-ia entender que, sendo destruídas algumas de suas partes, contudo a extensão permaneceria, sem que fosse destruída por serem destruídas algumas partes suas, o que é claramente contraditório, por se tratar de algo que é infinito por sua própria natureza e que jamais pode ser limitado ou finito ou ser entendido como tal.

[21] Ademais, no que concerne às partes na Natureza: dissemos que a divisão jamais ocorre na substância, como já antes foi dito, mas sempre e somente nos modos da substância. Então, querendo dividir a água,

---

Resposta: não há somente movimento, mas sim movimento e repouso juntos; e este está e deve estar no todo, porque na extensão não há parte alguma. Se, não obstante, persistis, dizei-me então: se dividis a extensão total, então aquela parte que separais dela com vosso intelecto, podeis separá-la, conforme a natureza, de todas as partes? Se me concedeis isto, pergunto: Que há entre esta parte separada e o resto? Deveis dizer: ou o vazio ou outro corpo ou algo da própria *extensão*; quarta [alternativa] não há. Não será o primeiro, porque não existe um vazio que seja positivo e não seja corpo. Nem o segundo, porque então haveria um modo que não pode existir, visto que a extensão, enquanto extensão, existe sem os modos e é anterior a todos eles. *Logo*, o terceiro, e, portanto, não existe nenhuma parte, mas sim a *extensão total*.

não divido senão o modo da substância e não a substância mesma, já que a substância, seja a da água ou a de qualquer outra coisa, é sempre a mesma.

[22] Portanto, a divisão ou passividade sempre tem lugar no modo: igualmente, quando dizemos que o homem perece ou é destruído, isso só se entende do homem enquanto é um composto e um modo da substância, e não da substância da qual ele depende.

[23] Por outro lado, já estabelecemos, como faremos de novo mais adiante, que fora de Deus não há nada e que Ele é uma *causa imanente*. Ao contrário, a passividade, quando o agente e o paciente são diversos, é uma imperfeição palpável, já que o paciente deve depender necessariamente daquele que, do exterior, causou o padecer: o que não tem lugar em Deus, que é perfeito.

[24] Ademais, de um agente que age em si mesmo jamais se pode dizer que tenha a imperfeição de um paciente, já que ele não padece de outro. Tal é o caso do intelecto, o qual, como também dizem os filósofos, é uma causa de seus conceitos. Porém, dado que esse [agente] é uma causa imanente, quem ousaria dizer que é imperfeito na medida em que padece de si mesmo?

[25] Finalmente, a substância, por ser também o princípio de todos os seus modos, pode com muito mais direito ser chamada um agente do que um paciente. E, dito isso, consideramos que respondemos suficientemente a tudo.

[26] A isso ainda se objeta que deve existir necessariamente uma primeira causa que faça mover este corpo, já que é impossível que ele, quando está em repouso, possa mover-se a si mesmo. E, dado que claramente se evidencia que na Natureza há repouso e movimento, estes devem provir, pensam eles, necessariamente de uma causa externa.

[27] Resulta-nos fácil responder a isso; efetivamente, nós concedemos que, se o corpo fosse uma coisa que existe por si mesma e, por outro lado, não tivesse nenhum outro atributo além de ser longo, largo e fundo, então não haveria nele, se estivesse realmente em repouso, nenhuma causa para começar a mover-se a si mesmo; porém nós estabelecemos anteriormente que *a Natureza é um ser do qual se afirmam todos os atributos,*

e, sendo assim, nada lhe pode faltar para produzir o quanto há para produzir.

[28] Tendo falado até aqui sobre o que Deus é, acrescentaremos em uma só palavra, quanto a seus atributos, que aqueles por nós conhecidos não são senão dois, nomeadamente, *pensamento e extensão*; porque aqui somente falamos dos atributos que se poderiam denominar *atributos estritos de Deus*, pelos quais chegamos a conhecê-lo em Si mesmo e não como agindo fora de Si mesmo.

[29] Assim, tudo aquilo que os homens atribuem a Deus, fora esses dois atributos, deverá ser (se Lhe pertence em outro sentido) ou uma denominação extrínseca, como, por exemplo, que *Ele existe por si mesmo, que é eterno, único, imutável*, etc., ou, digo eu, [deve ser uma denominação] relativa a suas ações, como a de que Ele é uma *causa*, um *predestinador* e *governante* de todas as coisas. Todas estas são próprias de Deus, embora elas não nos deem a conhecer o que Ele é.

[30] Como e de que maneira, não obstante, podem esses atributos ter lugar em Deus, nós o diremos nos capítulos seguintes. Mas, para um melhor entendimento e uma explicação mais detalhada de tudo isso, nos pareceu oportuno acrescentar aqui os seguintes raciocínios, consistindo em um

Diálogo entre o Intelecto, o Amor, a Razão e a Concupiscência

[1] *Amor*: Vejo, irmão, que meu ser e minha perfeição dependem totalmente de tua perfeição, e, dado que a perfeição do objeto que concebeste constitui a tua perfeição, e que da tua procede, por sua vez, a minha, diz-me sem rodeios, suplico, se concebeste um ser que é sumamente perfeito e não pode ser limitado por um outro, e no qual também eu estou contido.

[2] *Intelecto*: Eu, por minha parte, não contemplo a Natureza senão em seu todo, infinita e sumamente perfeita, e se o pões em dúvida, pergunta à *Razão* e esta te dirá.

[3] *Razão*: A verdade disso é indubitável para mim: com efeito, se queremos limitar a Natureza, devemos limitá-la com um nada, o que é realmente absurdo, e isso sob os atributos seguintes: que ela é *una, eterna, por si mesma, infinita*; evitamos tal absurdo afirmando que é *uma unidade eterna, infinita, onipotente, etc.*, a saber, a *Natureza* infinita e tudo o que está contido nela. E à negação disso chamamos o *nada*.

[4] *Concupiscência*: Um momento! Soa admiravelmente que a *unidade* e a *diversidade*, que eu vejo por qualquer parte da Natureza, concordem entre si. Porém, como? Eu vejo que a *substância pensante* não tem nada em comum com a *substância extensa* e que uma limita a outra.

[5] E, se queres propor, além dessas duas *substâncias*, uma terceira, que é perfeita em tudo, vê como te enredas a ti mesmo em contradições manifestas: porque, se esta terceira é posta fora das duas primeiras, é que lhe faltam todos os atributos que pertencem a essas duas, o que jamais pode ter lugar em um todo, fora do qual coisa alguma existe.

[6] Ademais, se esse ser é onipotente e perfeito, será tal porque causou-se a si mesmo e não porque tenha causado a outro; não obstante, ainda seria mais onipotente aquele que pudesse produzir-se a si mesmo e, além disso, também a um outro.

[7] E, finalmente, se o chamas de onisciente, é necessário que se conheça a si mesmo, e ao mesmo tempo deves entender que o conhecimento só de si mesmo é menor do que o conhecimento de si mesmo junto com o conhecimento das outras substâncias. Tudo isso são flagrantes contradições. Por isso quero aconselhar ao Amor que se dê por satisfeito com o que eu lhe indico e que não indague outras coisas.

[8] *Amor.* Ó infame! Mas o que me indicaste além daquilo de onde surgiu instantaneamente minha ruína? Porque, se alguma vez eu me houvesse unido com aquele que tu apontaste, imediatamente teria sido perseguido pelos dois principais inimigos do gênero humano, nomeadamente, o *ódio* e o *arrependimento*, e muitas vezes também o *esquecimento*; por isso me volto de novo à *Razão* para que ela prossiga e cale a boca desses inimigos.

[9] *Razão:* O que tu afirmas, ó *Concupiscência*, que vês diversas substân-cias, digo-te que é falso, porque vejo claramente que *há somente um Uno, o qual existe por si mesmo e é o substrato de todos os demais atributos.* E, se queres chamar substâncias ao corporal e ao intelectual em relação aos modos que deles dependem, então deves também chamá-los modos em relação à substância da qual eles dependem: pois não terão sido concebidos por ti como existentes por si mesmos. E da mesma manei-ra que o querer, o sentir, o entender, o amar, etc., são diversos modos daquilo que tu chamas uma substância pensante, e que referes todos ao uno e fazes deles um uno; também eu concluo, pois, em virtude de tuas próprias provas, que *a extensão e o pensamento infinitos, assim como outros infinitos atributos* (ou, segundo teu estilo, *substâncias*), *não são outra coisa que modos deste ser uno, eterno, infinito, existente por si mesmo*; e de todos estes eu formo, como já disse, *um Uno* ou *Unidade*, fora da qual nada pode ser representado.

[10] Concupiscência: Nesta tua maneira de falar eu vejo, assim me parece, uma confusão muito grande, porque pareces querer que *o todo seja algo fora de suas partes ou sem elas*, o que é certamente absurdo. Pois todos os filósofos dizem em uníssono *que o todo é uma noção segunda e que não é uma coisa na Natureza, fora da concepção humana.*

[11] Ademais, como observo a partir do teu exemplo, confundes o *todo* com a *causa.* Porque, como eu digo, *o todo consiste somente em, ou de, suas partes,* enquanto tu representas a *força pensante como uma coisa da qual depende o intelecto, o amor, etc.* E não podes chamar a esta um *todo,* mas sim uma *causa* dos *efeitos* que tu acabas de nomear.

[12] Razão:Vejo certamente como tu incitas contra mim todos os teus amigos, e o que não lograste fazer com teus falsos raciocínios, intentas fazê-lo agora com ambiguidade de palavras, exercício a que costumam se dedicar aqueles que se opõem à verdade. Porém, com este recurso não conseguirás trazer o Amor a tua causa. O que dizes, então, é: *a causa (considerando que é uma produtora dos efeitos) deve estar fora deles.* E o dizes porque tão somente conheces a *causa transitiva* e não a *imanente,* a qual não produz em absoluto algo fora dela. Por exemplo, o intelecto é causa de seus conceitos e, por isso, também eu o chamo *causa* (na medida dos, ou em relação a seus conceitos, que dependem dele); e, por outro lado, o chamo *todo,* enquanto consiste em seus conceitos. Portanto, tampouco Deus *é, em relação a seus efeitos ou criaturas, outra coisa que uma causa imanente, e, ademais, no que diz respeito à segunda consideração, é um todo.*

Segundo Diálogo

Relacionado por uma parte com o que precede e por outra parte com a segunda seção a seguir, entre

Erasmo e Teófilo

[1] Erasmo: Te ouvi dizer, ó Teófilo, que Deus é uma *causa de todas as coisas* e que, portanto, *Ele não pode ser nenhuma outra* causa que uma *imanente*. Se for, pois, uma *causa imanente de todas as coisas*, como podes tu *chamá-Lo causa remota*? Porque em uma causa imanente isso é impossível.

[2] Teófilo: Quando disse que *Deus é uma causa remota*, somente o disse em relação às coisas que não dependem imediatamente d'Ele, e não às coisas que Deus produziu imediatamente, sem outras circunstâncias além de sua existência somente. Mas de maneira nenhuma o chamei absolutamente uma causa remota, o que também podias ter apreendido claramente por minhas palavras, pois também disse que o podemos chamar *de alguma maneira* causa remota.

[3] Erasmo: Agora entendo suficientemente o que queres dizer-me; mas observo também que *tu disseste que o efeito da causa interna de tal maneira permanece unido à sua causa que faz com ela um todo*. E, se isso é assim, então Deus não pode, parece-me, ser uma causa imanente. Porque, se Ele e aquilo que por Ele é produzido formam juntos um todo, atribuis a Deus mais ser em um momento do que em outro. Rogo-te, dissipa-me esta dúvida.

[4] Teófilo: Se tu, Erasmo, queres sair dessa confusão, presta bem atenção ao que te direi. A essência da coisa não aumenta nada por sua união com outra com a qual forma um todo, mas, ao contrário, a primeira permanece invariável.

[5] Para que me compreendas melhor, te darei um exemplo. Um escultor, que fez diferentes figuras de madeira que imitam as partes de um corpo humano, pega uma delas, que tem a figura de um busto humano, e a une com outra que tem a figura de uma cabeça humana, e forma com estas duas um todo, que representa a parte superior de um corpo humano. Dirás que a essência da cabeça haja aumentado, porque foi unida com o busto? Isso é falso, já que é a mesma que era antes.

[6] Para maior clareza, te darei outro exemplo, a saber, uma ideia que tenho de um triângulo, e outra que surge do prolongamento de um de seus ângulos. O ângulo [formado pelo prolongamento] é necessariamente igual aos dois internos opostos, e assim sucessivamente. Estas [ideias], digo, produziram uma nova ideia, a saber, que os três ângulos de um triângulo são iguais a dois retos. Esta ideia está unida com a primeira de tal maneira que, sem esta, não pode existir nem ser concebida.

[7] <E de todas as ideias que cada um tem, fazemos um todo ou (o que vem a ser o mesmo) um ente de razão, a que chamamos *intelecto*.>[60] Agora vê bem que, embora esta nova ideia se una com a anterior, o ser desta não sofre por isso a mínima mudança, mas, pelo contrário, permanece inalterado. E isso mesmo podes vê-lo também em cada ideia que leva consigo o amor: este de maneira nenhuma faz aumentar o ser da ideia.

[8] Mas para que acumular tantos exemplos? Tu mesmo o podes ver claramente no exemplo de que estamos falando. Eu disse distintamente

---

[60] Nesta tradução, mantivemos esta frase tal como se encontra no manuscrito A, porém introduzindo-a entre chaves seguindo a sugestão da edição de Vloten/Land e Atilano Domínguez. Quanto ao trecho, vale citar a nota de Domínguez (1990, n. 62, p. 224):"Com Vloten/Land, introduzimos esta frase entre chaves porque parece mais uma nota, já que interrompe o exemplo do triângulo. Gebhardt a considera como um terceiro exemplo (busto, triângulo e intelecto). Mignini, em sua tradução (mas não no texto holandês), a transporta para o final do parágrafo 7". (N.T.)

que todos os atributos que não dependem de nenhuma outra causa e para cuja definição não se necessita de nenhum gênero pertencem à essência de Deus; e, como as coisas criadas não têm poder de constituir um atributo, não aumentam com isso a essência de Deus, por mais estreitamente que cheguem a se unir a Ele.

[9] Acrescente-se a isto que *o todo é somente um ente de razão e não se diferencia do universal senão em que o universal é feito de diversos indivisíveis não unidos, mas o todo é feito de diversos indivisíveis unidos; e também em que o universal somente compreende partes do mesmo gênero, enquanto o todo compreende partes do mesmo e de um outro gênero.*

[10] Erasmo: Quanto a isso, me satisfizeste. Mas, afora isso, disseste que *o efeito da [causa] interna não pode perecer enquanto dure a sua causa*; eu vejo bem que isso é verdade; porém, nesse caso, como pode Deus ainda ser uma causa interna de todas as coisas quando muitas coisas perecem? De acordo com tua distinção anterior, dirás *que Deus é propriamente causa dos efeitos que Ele produziu imediatamente, sem nenhuma outra circunstância além de seus atributos somente, e que eles, enquanto dura sua causa, não podem perecer: mas [dirás] que Deus não se chama causa interna dos efeitos cuja existência não depende imediatamente d'Ele, mas que surgiram de alguma outra coisa, a não ser na medida em que suas causas não realizam nem podem realizar nada sem Deus nem fora d'Ele*; e que também por isso, considerando que não foram produzidas imediatamente por Deus, podem perecer.

[11] Porém isso não me satisfaz, pois vejo que tu concluis que o intelecto humano é imortal porque é um efeito que Deus produziu em si mesmo. Agora então, é impossível que, para produzir tal intelecto, tenha sido necessário algo mais que os atributos de Deus; já que, para existir um ser de tão excelente perfeição, deve ter sido criado desde a eternidade, como todas as outras coisas que dependem imediatamente de Deus. E, se não me engano, te ouvi dizer isso. Se isso é assim, como o resolverás sem deixar dificuldade?

[12] Teófilo: É certo, Erasmo, que as coisas que não necessitam para sua existência de outra coisa além dos atributos de Deus são criadas por Ele imediatamente e desde a eternidade. Mas convém observar que, ainda que seja necessário para a existência de uma coisa exigir uma modificação (*modificatio*) particular e alguma coisa além dos atributos de Deus,

nem por isso Deus deixa de poder produzir uma coisa imediatamente. Com efeito, das coisas necessárias que são exigidas para fazer com que a coisa exista, umas o são para que a produzam, e outras, para que ela possa ser produzida. Se, por exemplo, quero ter luz em certo aposento, acendo-a, e ela ilumina *por si mesma* o aposento; ou abro uma janela, cuja abertura não produz sem dúvida, por si mesma, a luz, porém prepara o caminho para que a luz possa entrar no aposento. Assim também, para o movimento de um corpo se requer outro corpo, o qual deve ter todo o movimento que passa dele para o outro. Porém, para produzir em nós uma ideia de Deus, não se requer nenhuma outra coisa particular que contenha aquilo que é produzido em nós, mas somente um corpo na *Natureza*, tal que sua ideia seja necessária para mostrar Deus imediatamente. O que também pudeste depreender de minhas palavras: porque Deus, eu disse, é conhecido só por si mesmo e não por meio de outro.

[13] Porém te digo isto, que enquanto não tivermos de Deus uma ideia tão clara que nos una com Ele tão intimamente que não nos permita amar coisa alguma fora d'Ele, não poderemos dizer que estamos verdadeiramente unidos com Deus e, assim, que dependemos imediatamente d'Ele. Se ainda tiveres alguma coisa que perguntar, deixa-o para outra ocasião; neste momento, as circunstâncias me reclamam para outro assunto. Que sigas bem.

[14] Erasmo: De momento não [tenho perguntas], mas de agora até a próxima ocasião me ocuparei com o que acabas de me dizer, e te recomendarei a Deus.

Capítulo III: que Deus é causa de tudo

[1] Começaremos agora a tratar dos atributos que chamamos de *próprios*.[61] E, em primeiro lugar, de que maneira Deus *é causa de tudo*. No que aqui precede, já dissemos que *a substância única não pode produzir as outras*, e que *Deus é um ser do qual se afirmam todos os atributos*; donde se segue claramente que todas as outras coisas não podem, de modo algum, nem existir nem ser entendidas sem Ele nem fora d'Ele. Por isso podemos dizer, com toda razão, que *Deus é causa de tudo*.

[2] Posto que é costume dividir a causa eficiente em oito partes, convém que investiguemos, então, como e de que maneira Deus é causa.

1. Dizemos, pois, que Ele é *causa emanativa ou produtiva de suas obras*; e, em relação à operação que se está realizando, (é) *uma causa ativa ou eficiente*, as quais nós consideramos como uma, porque são correlativas entre si.

2. Deus é *uma causa imanente* e *não transitiva*, já que opera tudo em Si mesmo e não fora, posto que fora d'Ele não há nada.

3. Deus é *uma causa livre*, e não *natural*, como o exporemos e faremos ver claramente quando tratarmos de *se Deus pode deixar de fazer o que faz*; então se explicará também *em que consiste a verdadeira liberdade*.

4. Deus é uma causa *por si mesmo*, e não *por um acidente*; o que aparecerá com mais precisão ao tratarmos da Predestinação.

---

[61] Estes que seguem se chamam *próprios*, porque não são senão *adjetivos* que não podem ser entendidos sem seus *substantivos*. Isto é, Deus não seria Deus sem eles, mas não é Deus por eles; pois eles não dão a conhecer algo substancial, pelo qual, somente, Deus existe.

5. Deus é *uma causa principal das obras que criou imediatamente*, como é o movimento na matéria, etc.; nas quais não cabe a causa menos principal, já que esta sempre se encontra nas coisas particulares; como quando Ele seca o mar por um forte vento, e assim sucessivamente, em todas as coisas particulares que existem na Natureza. A *causa menos principal-inicial não se dá em Deus*, porque fora d'Ele nada há que O possa coagir. Por outro lado, a *causa predisponente* é sua própria perfeição, em virtude da qual é causa de si mesmo e, por consequência, de todas as outras coisas.

6. *Só Deus é a causa primeira ou iniciante*, como aparece pela nossa prova anterior.

7. *Deus é também uma causa universal, porém somente enquanto realiza obras diversas; em outro sentido, jamais pode se qualificar de tal, já que não tem necessidade de ninguém* para produzir efeitos.

8. Deus é a *causa próxima* das coisas que são infinitas e imutáveis, e das quais dizemos que foram criadas imediatamente por Ele; porém, em certo sentido, Ele é a *causa última* de todas as coisas particulares.

Capítulo IV: das obras [ações] necessárias de Deus

[1] Negamos que Deus possa deixar de fazer o que faz, e o demonstraremos ao tratar da *Predestinação*, quando mostraremos que todas as coisas dependem necessariamente de suas causas.

[2] Porém isso se demonstra também pela perfeição de Deus, porque está fora de qualquer dúvida *que Deus pode produzir tudo tão perfeitamente como está contido em sua ideia*; e da mesma maneira que as coisas entendidas por Ele não podem ser entendidas por Ele mais perfeitas do que Ele as entende, assim também todas as coisas podem ser produzidas por Ele tão perfeitamente, que Dele não podem provir mais perfeitas. Ademais, quando concluímos que Deus não podia deixar de fazer aquilo que fez, nós o deduzimos de sua perfeição, porque em Deus seria uma imperfeição poder se abster daquilo que faz; o que não implica que ponhamos em Deus uma *causa menos principal-iniciante* que o teria movido à ação, já que, então, Ele não seria Deus.

[3] Porém agora surge de novo a questão: se Deus poderia deixar de fazer tudo quanto está na sua ideia, e que Ele pode fazer tão perfeitamente, e se tal abstenção é n'Ele uma perfeição.

Dizemos, então, que, como tudo o que sucede foi feito por Deus, também deve ter sido necessariamente predeterminado por Ele, do contrário Ele seria mutável, o que seria n'Ele uma grande imperfeição; e que essa predeterminação por Ele deve ser desde a eternidade, na qual não há antes ou depois. Daí segue forçosamente que Deus não pôde predeterminar as coisas anteriormente de maneira diversa de como já o foram desde a eternidade, e que Deus não pôde existir nem antes dessa determinação, nem sem ela.

[4] Ademais, se Deus se abstivesse de fazer algo, essa abstenção proviria de uma causa que está n'Ele, ou de nenhuma outra. Se sim, então é necessário que Ele deva deixar de fazê-lo; se não, é necessário que não deva se abster; isto é claro por si mesmo. Ainda mais: na coisa criada é uma perfeição que ela exista e seja causada por Deus, já que a maior de todas as imperfeições é o não-existir. E, como a salvação e a perfeição de tudo é a vontade de Deus, se Deus quisesse que esta coisa não existisse, então de fato a salvação e a perfeição desta coisa consistiriam no não existir, o que é em si mesmo contraditório. Daí que nós neguemos que *Deus possa deixar de fazer o que faz.*

[5] Alguns consideram isso como uma calúnia e uma diminuição de Deus; porém essa opinião provém de que não se concebe corretamente em que consiste a *verdadeira liberdade*; a qual de modo algum é, como eles imaginam, poder fazer ou não algo bom ou mau. Ao contrário, *a verdadeira liberdade é apenas, e não outra senão a causa primeira*, a qual não é de nenhuma maneira coagida ou necessitada por outro, e apenas por sua perfeição é causa de toda perfeição. Daí que, se Deus pudesse deixar de fazer isso, não seria perfeito, já que poder deixar de fazer o bem ou a perfeição no que produz não pode ter lugar em Deus, a não ser por defeito.

Assim, pois, resulta claro que apenas Deus é a única causa livre, não somente pelo que dissemos, mas também porque fora d'Ele não existe nenhuma causa externa que o coaja ou necessite; tudo isso não tem lugar nas coisas criadas.

[6] Contra isso se argumenta da seguinte maneira. O bom somente é bom porque Deus o quer, e, sendo assim, Ele sempre pode fazer com que o mau se converta em bom. Mas tal argumentação é tão conclusiva como se eu disser: porque Deus quer ser Deus, Ele é Deus, *logo*, também está em Seu poder Ele não ser Deus; o que é o próprio absurdo. Ademais, se os homens fazem algo e lhes perguntamos por que o fazem, a resposta é: porque a justiça assim o exige. Se perguntarmos então por que assim o exige a justiça, ou melhor, a primeira causa de tudo o que é justo, a resposta é: porque a justiça assim o quer. Porém, meu amigo, poderia a justiça, penso, deixar de ser justa? Em absoluto, já que então não poderia haver justiça alguma. Por outro lado, aqueles que dizem que tudo o quanto Deus faz, o faz porque é bom em si, estes, digo, talvez pensem que não divergem em nada de nós. Muito longe disso, posto que estes afirmam que antes de Deus há algo a que Ele estaria obrigado ou vinculado, nomeadamente, uma causa por cujo desejo isto é e será bom, e aquilo é e será justo.

[7] Aqui surge, de novo, a questão: se Deus seria igualmente perfeito, ainda que todas as coisas tivessem sido desde a eternidade criadas ou ordenadas e predeterminadas por Ele de forma distinta de como agora são. A isso vale como resposta que, se a Natureza houvesse sido criada desde toda a eternidade de maneira diversa de como agora é, daí deveria seguir-se necessariamente, segundo a tese daqueles que atribuem a Deus vontade e intelecto, que Deus teria tido uma vontade e um intelecto diversos dos que tem, e de acordo com estes teria feito as coisas diferentemente. Daí se vê a necessidade de observar que Deus está agora constituído de maneira diversa de antes, e antes de maneira diversa de agora; e que, portanto, se afirmamos que agora é perfeitíssimo, é necessário dizer que Ele não o era então, no momento em que criou tudo de outra maneira. Porém, como todas estas coisas implicam absurdos manifestos, não podem ser atribuídas de nenhuma maneira a Deus, que agora, antes e por toda a eternidade, é, foi, e permanecerá imutável.

[8] Isso é demonstrado por nós, ademais, a partir da definição que demos da causa livre: a qual não consiste em poder fazer ou deixar de fazer algo, mas apenas em que não depende de nenhuma outra coisa; portanto, tudo o quanto Deus faz é feito e produzido por Ele como pela causa mais livre. Por conseguinte, se Ele houvesse feito antes as coisas diferentemente de como agora são, deveria seguir-se que foi em algum momento imperfeito; o que, portanto, é falso. Com efeito, dado que Deus é a causa primeira de todas as coisas, deve haver n'Ele algo pelo qual faz o que faz e não deixa de fazê-lo. Porque dizemos que *a liberdade* não consiste em fazer ou não fazer algo, e porque nós já mostramos que aquilo que o faz fazer algo não pode ser outra coisa do que sua própria perfeição, daí concluímos que, *se não houvesse sido a sua perfeição o que o levou a fazê-lo, as coisas não existiriam, ou não teriam podido chegar ao ser para ser o que agora são.* O que é o mesmo que se fosse dito: *se Deus fosse imperfeito, as coisas seriam agora diferentes de como são.*

[9] Basta com isso sobre o primeiro [atributo]; agora passaremos ao *segundo atributo*, que em Deus chamamos *próprio*, e veremos o que nos cabe dizer sobre ele, e assim até o final.

Capítulo V: da providência de Deus

[1] O segundo atributo que nós chamamos próprio (ou *proprium*) é a *providência*, a qual para nós não é outra coisa que o *conatus*,[62] que encontramos na Natureza inteira e nas coisas particulares, e que tende a manter e conservar seu próprio ser. Pois é evidente que nenhuma coisa poderia tender, por sua própria natureza, à aniquilação de si mesma, ao contrário, cada coisa tem em si mesma um *conatus* para se conservar em seu próprio estado e para melhorá-lo.

[2] De acordo, pois, com esta nossa definição, estabelecemos *uma providência universal* e *uma particular*. A *universal* é aquela pela qual cada coisa é produzida e mantida enquanto parte da Natureza inteira. A *providência particular* é o *conatus* que tem cada coisa particular para conservar seu ser enquanto é considerada não como uma parte da Natureza, mas como um todo. O que se explica com o seguinte exemplo: todos os membros do homem foram previstos e providos enquanto são partes do homem, o que é a *providência universal*; e a *particular* é o *conatus* que tem cada membro particular (como um todo, e não como uma parte do homem) para conservar e manter seu próprio bem-estar.

---

[62] O termo holandês "poginge" significa esforço ou tendência, e é o correspondente exato do latim "conatus", um dos conceitos fundamentais da *Ética*. Excepcionalmente, utilizaremos o termo latino nesta tradução, visto que esse uso é consagrado entre os estudiosos. (N.T.)

Capítulo VI: da predestinação de Deus

[1] O terceiro atributo é a predestinação divina.

1. Anteriormente demonstramos que Deus não pode deixar de fazer o que faz; a saber, que criou tudo tão perfeitamente que não pode ser mais perfeito.

2. E ademais, que sem Ele nenhuma coisa pode existir e nem ser entendida.

[2] Agora cabe observar se há na Natureza algumas coisas contingentes, isto é, se há algumas coisas que podem ocorrer ou não ocorrer. E ademais, se há alguma coisa da qual não possamos perguntar por que ela existe.

Mas que não há nenhuma coisa contingente nós o demonstramos assim:

Aquilo que não tem uma causa para existir, é impossível que exista; aquilo que é contingente não tem nenhuma causa; *logo*.

O primeiro está fora de toda disputa. O segundo, nós o demonstramos assim: se algo que é contingente, tem uma causa determinada e certa para existir, então deve existir necessariamente; mas que isso seja tanto contingente quanto necessário, é contraditório. *Logo*.

[3] Quiçá alguém dirá que *algo contingente* não tem uma causa determinada e certa, mas uma contingente. Se assim fora, deveria sê-lo ou *in sensu diviso* ou *in sensu composito*, a saber, ou a existência da causa é contingente, porém não enquanto causa; ou o contingente é que algo (o qual sem dúvida existiria necessariamente na Natureza) seja a causa que produza algo contingentemente; porém, tanto isto como aquilo é falso.

No que concerne ao primeiro: se este algo contingente é contingente porque sua causa é contingente, então também esta causa deve ser contingente, porque a causa que a causou também é contingente; *et sic in infinitum*. E como demonstramos anteriormente *que tudo depende de uma única causa*, então também essa causa deveria ser contingente, o que é abertamente falso.

No que respeita ao segundo, se a causa não fosse mais determinada a produzir isto ou aquilo, isto é, a produzir este *algo* ou a deixar de produzi-lo, então seria simultaneamente impossível que o produzisse ou que deixasse de produzi-lo, o que é diretamente contraditório.

[4] Com respeito à nossa segunda [observação] antes formulada [no § 2], de *que não há na Natureza uma coisa da qual não se possa perguntar por que existe*, ela nos ensina que nos cabe investigar por que causa algo é existente; pois, se a causa não existisse, seria impossível que existisse este algo. Devemos então buscar esta causa ou na coisa ou fora dela. Porém, se se pergunta pela regra para levar a cabo esta busca, dizemos que não parece que haja em absoluto necessidade de nenhuma. Porque, se a existência pertence à natureza da coisa, é certo que não devemos buscar a causa fora da coisa; porém, se não é assim, devemos buscar sempre fora dela a causa. Ora, como o primeiro caso somente pertence a Deus, fica com isto provado (como já o havíamos feito antes) que *somente Deus é a causa primeira de tudo*.

[5] De onde resulta claro que esta ou aquela vontade do homem (dado que a existência da vontade não pertence à sua essência) também deve ter uma causa externa, pela qual é necessariamente causada; o que resulta claro também por tudo o que dissemos neste capítulo, e aparecerá ainda mais claramente quando, na segunda parte, tratarmos e falarmos da liberdade do homem.

[6] Contra tudo isso outros contestam: como é possível que *Deus, que é chamado o sumamente perfeito e a causa única, ordenador e provedor de tudo, permita, não obstante, que se veja por toda parte na Natureza uma desordem dessas? E também, por que Ele não criou o homem tal que não possa pecar?*

[7] Primeiramente então, não se pode afirmar legitimamente *que existe desordem na Natureza*, porque não há ninguém que conheça todas as causas da Natureza para poder julgar isso. Porém, essa objeção provém de ignorarem que eles formaram ideias universais, com as quais eles opinam que as coisas particulares devem concordar para serem perfeitas.

Afirmam que essas *ideias* estão no intelecto de Deus, como disseram muitos seguidores de *Platão, isto é, que essas ideias universais* (como *racional, animal,* e similares) foram criadas por Deus. E os seguidores de *Aristóteles,* embora digam que essas coisas não são *reais,* mas *entes de razão,* consideram-nas muitas vezes como coisas, pois dizem claramente que a proteção divina não se estende aos seres particulares, mas somente aos gêneros: por exemplo, Deus não exerceu jamais sua proteção sobre *Bucéfalo,* etc., mas sobre todo o gênero dos *cavalos.* Eles dizem também que Deus não tem ciência alguma das coisas particulares e perecíveis, mas sim das universais que, em sua opinião, são imperecíveis. Mas nós legitimamente consideramos isso neles como ignorância, já que todas as coisas particulares, e somente elas, têm causa, e não as universais, pois estas nada são.

Deus, então, somente é uma causa e um provedor das coisas particulares; portanto, se as coisas particulares devem concordar com outra natureza, não poderão concordar com a sua própria, e, por conseguinte, não serão o que verdadeiramente são. Por exemplo, se Deus houvesse criado a todos os homens como a Adão antes da queda, então teria criado apenas a Adão, e não a Pedro e nem a Paulo; no entanto, esta é a autêntica perfeição de Deus, que Ele dê a todas as coisas, da menor à maior, a sua essência, ou melhor dizendo, que Ele tenha em si mesmo todo o perfeito.

[8] No que respeita à segunda [objeção do §6], de *por que Deus não criou os homens tais que não pequem,* basta dizer que tudo o que se disse sobre o pecado tão só se diz em relação a nós, como quando comparamos duas coisas entre si ou sob diferentes perspectivas. *Por exemplo,* se alguém fez um relógio para soar e indicar as horas e esse artefato está acorde com a intenção do artífice, diz-se que é bom, e se não, diz-se que é mau, ainda que ele também pudesse ser bom se a intenção tivesse sido fazê-lo desarranjado e tocando fora de tempo.

[9] Concluímos, então, dizendo que *Pedro* deve concordar necessariamente com a ideia de *Pedro,* e não com a ideia de *homem; bem* e *mal,* ou *pecado,* não são outra coisa do que modos de pensar, e de maneira nenhuma *coisas* ou *algo* que tenha *existência,* como muito claramente mostraremos com maior amplitude no que se segue. Porque todas as coisas e obras [ações] que há na Natureza são perfeitas.

Capítulo VII: dos atributos
que não pertencem a Deus

[1] Agora começaremos, pois, a falar daqueles *atributos*[63] que são comumente atribuídos a Deus e que não lhe pertencem realmente; bem como daqueles pelos quais se intenta, embora infrutiferamente, definir a Deus, e também das leis da verdadeira definição.

[2] Para fazê-lo, não nos preocuparemos demasiadamente com as representações que os homens comumente têm de Deus; mas apenas investigaremos brevemente o que é que os *filósofos* sabem nos dizer d'Ele. Pois bem, estes definiram a Deus como *um ser que existe por si mesmo, causa de todas as coisas, onisciente, onipotente, eterno, simples, infinito, o sumo bem, de infinita misericórdia,* etc. Porém, antes de empreender este exame, vejamos brevemente o que já nos concedem.

[3] Primeiramente, dizem que não se pode dar uma autêntica ou legítima definição de Deus, posto que, segundo sua opinião, não pode existir nenhuma definição que não seja pelo gênero e pela diferença; e

---

[63] Quanto aos atributos em que Deus consiste, eles não são senão substâncias infinitas, cada uma das quais deve ser infinitamente perfeita. De que isso deve ser necessariamente assim, nos convence a razão clara e distinta. Porém também é verdade que, de todos esses infinitos, até agora somente dois nos são conhecidos por sua essência, e estes são *o pensamento e a extensão.* Ademais, tudo o que se atribui comumente a Deus, não são atributos, mas somente certos modos que podem ser-Lhe atribuídos ou em relação ao todo, isto é, a todos os Seus atributos, ou em relação *a um só atributo.* Em relação a *todos,* por exemplo, *que é uno, eterno, existente por si mesmo, infinito, causa de todas as coisas, imutável.* Em relação a *um [atributo], que é onisciente, sábio,* etc. - os quais pertencem ao pensamento *-, e que está em toda parte, que preenche tudo,* etc. - os quais pertencem à extensão.

como Deus não é uma espécie de algum gênero, não pode ser definido correta ou legitimamente.

[4] Por outra parte, dizem que Deus não pode ser definido porque a definição deve apresentar a coisa nua e afirmativamente, enquanto de Deus não sabemos nada de maneira afirmativa, mas somente de maneira negativa; *logo*, não se pode dar uma definição legítima de Deus.

[5] Além do exposto acima, eles dizem que Deus não pode jamais ser demonstrado *a priori*, já que Ele não tem nenhuma causa, mas somente por verossimilhança ou através de seus efeitos.

Dado que com estas teses eles reconhecem suficientemente que têm um conhecimento muito pequeno e insignificante de Deus, nós nos permitimos, então, passar agora a examinar brevemente sua definição.

[6] Primeiramente, não vemos que nos deem aqui alguns *attributa*, através dos quais a coisa (Deus) seja conhecida quanto ao que ela é, mas somente alguns *propria*, que sem dúvida pertencem a uma coisa, porém não esclarecem jamais o que ela é. Pois, ainda que *existente por si mesmo, ser causa de todas as coisas, bem supremo, eterno e imutável,* etc., sejam próprios somente de Deus, contudo não podemos saber, através dessas propriedades, o que é esse ser ao qual pertencem essas propriedades, nem que atributos tem.

[7] Será agora, então, o momento de examinarmos as coisas que eles atribuem a Deus e que contudo não pertencem a Ele,[64] tais como *onisciente, misericordioso, sábio,* etc.; estas coisas, visto que são certos modos da coisa pensante, não podem de maneira nenhuma existir nem ser entendidas sem a substância da qual são os modos; daí que tampouco possam ser atribuídas a Ele, que é *um ser que existe exclusivamente por si mesmo*.

[8] Finalmente, chamam a Ele *o sumo bem*; contudo, se por isso entendem algo diferente do que já tinham dito, a saber, que *Deus é imutável e causa de todas as coisas,* ou eles estão embaraçados em seu próprio conceito ou então não lograram entender-se a si mesmos; o que provém de seu equívoco acerca do bem e do mal, já que pensam que é o próprio homem,

---

[64] Entenda-se: a *Ele* tomado em relação a tudo o que Ele é, ou a todos os Seus atributos. Ver, sobre isso, as páginas 79 e 80 (capítulo VII, parágrafo 3 e nota).

e não Deus, a causa de seu pecado e de seu mal; o que, de acordo com o que já demonstramos, não pode ser, ou teremos que afirmar então que o homem também é causa de si mesmo. Porém isso se fará mais claro quando tratarmos, mais adiante, da vontade do homem.

[9] Será necessário agora que desenredemos seus sofismas, com os quais pretendem disfarçar sua ignorância no conhecimento de Deus.

1. Dizem eles então, em primeiro lugar, *que uma definição legítima deve consistir em gênero e diferença*. Pois bem, ainda que todos os lógicos o admitam, não sei de onde o tiram. E, certamente, se isso deve ser verdade, não se pode saber nada: porque, se primeiro devemos conhecer perfeitamente uma coisa pela definição que consiste em gênero e diferença, então não podemos jamais conhecer perfeitamente o gênero supremo, o qual não tem nenhum gênero acima dele. Agora então: se não é conhecido o gênero supremo, que é causa do conhecimento de todas as outras coisas, menos ainda podem ser entendidas e conhecidas as demais coisas, que são esclarecidas por este gênero.

Porém, posto que somos livres e não nos consideramos em absoluto vinculados a suas teses, admitiremos outras leis da definição, conformes à verdadeira *Lógica*, isto é, segundo a divisão que fazemos da *Natureza*.

[10] Acabamos de ver que os atributos (ou, como os outros os chamam, substâncias) são coisas ou, para dizer melhor e mais propriamente, um ser que existe por si mesmo e que, portanto, se dá a conhecer a si mesmo e se demonstra por si mesmo.

As outras coisas, vimos que não são senão modos dos atributos e que sem eles não podem existir nem ser entendidas. Em consequência, as definições devem ser de dois gêneros (ou classes), a saber:

1. Dos atributos de um ser que existe por si mesmo, e estes não exigem nenhum gênero ou algo pelo qual sejam melhor entendidos ou explicados, porque, como são atributos de um ser que existe por si mesmo, eles também devem ser conhecidos por si mesmos.

2. Das coisas que não existem por si mesmas, mas somente pelos atributos, dos quais são modos e pelos quais, como se fossem seus gêneros, devem ser entendidas. E isso é o que se refere a sua doutrina da definição.

[11] Quanto ao outro tema, de que Deus não poderia ser conhecido por nós *com um conhecimento adequado,* já o senhor Descartes respondeu suficientemente a isso nas *Respostas às Objeções* relativas a esse ponto, página 18.[65]

[12] E, quanto ao terceiro tema, *de que Deus não pode ser demonstrado a priori,* já o respondemos anteriormente: posto que Deus é causa de si mesmo, é suficiente que o demonstremos por si mesmo, e essa demonstração é mais concisa do que a demonstração *a posteriori,* a qual geralmente não se realiza senão através das causas externas.

---

[65] Trata-se de uma passagem das *Respostas às Quintas Objeções* de Descartes (AT.VII, p. 368 e ss.). (N.T.)

Capítulo VIII: da Natureza Naturante

[1] Antes de passar a outra coisa, dividiremos agora brevemente toda a Natureza em *Natura naturans* e *Natura naturata*. Por *Natura naturans* entendemos um ser que concebemos clara e distintamente (por si mesmo e sem ter de recorrer a algo diferente dele, como todos os atributos (*Attributa*) que descrevemos até aqui), o qual é Deus. Também os *Tomistas* entenderam Deus da mesma maneira; porém, sua *Natura naturans* era um ser (assim o chamavam) exterior a todas as substâncias.

[2] Dividiremos em duas a *Natura naturata*, em uma universal e outra particular. A *universal* consiste em todos os modos que dependem imediatamente de Deus, dos quais trataremos no capítulo seguinte; a *particular* consiste em todas as coisas particulares que são causadas pelos modos universais. De sorte que a *Natura naturata* necessita de algumas substâncias para ser corretamente concebida.

Capítulo IX: da Natureza Naturada

[1] No que toca agora à *Natura naturata* universal, ou aos modos ou criaturas que dependem imediatamente de Deus, ou são criados imediatamente por Ele, não conhecemos mais do que dois deles, a saber, o *movimento*[66] na matéria e o *intelecto* na coisa pensante. Dizemos, então, que estes existiram desde toda a eternidade e permanecerão imutáveis por toda a eternidade: uma obra verdadeiramente tão grande quanto convinha à grandeza do artífice.

[2] No que se refere particularmente ao *movimento*, − como [por exemplo] que tenha existido *desde toda a eternidade e que deverá permanecer imutável por toda a eternidade; que é infinito em seu gênero; que nem existe por si mesmo nem pode ser entendido por si mesmo, mas unicamente por intermédio da extensão* − de tudo isso, digo, dado que pertence mais propriamente à *ciência natural* do que a esta, não trataremos aqui, mas dizemos somente *que é um filho, uma obra ou efeito imediatamente criado por Deus.*

[3] No que respeita ao *intelecto na coisa pensante*, assim como o primeiro, é *um filho, obra* ou *criação imediata de Deus*, também criado por Ele desde toda a eternidade e que permanece imutável por toda a

---

[66] O que aqui se diz do movimento na matéria não está dito seriamente, porque o autor ainda pensa em achar sua causa [*a priori*], como, em certo sentido, já o fez *a posteriori*. Não obstante, isso pode muito bem estar aqui, porque nada se funda nele ou depende dele.

eternidade. Porém este é seu único atributo,[67] a saber: entender tudo clara e distintamente em todos os tempos; de onde emana uma infinita ou perfeitíssima satisfação imutável, visto que não pode deixar de fazer o que faz. Ainda que seja suficientemente claro por si mesmo o que agora dissemos aqui, nós o demonstraremos mais claramente adiante, ao tratarmos das *afecções* da *mente*,[68] e, por isso, não diremos aqui nada mais a respeito.

---

[67] Embora aqui nitidamente se trate de uma propriedade, e não de um atributo, preferimos seguir o texto original, que diz *eigenschap* (atributo), contrariando, assim, todas as traduções consultadas, que fazem a correção. (N.T.)

[68] Nas obras latinas, Espinosa utiliza o termo "mens", cuja tradução mais direta em português, "mente", é preferida pelos especialistas para garantir a distinção entre "mens" e "anima" ("mente" e "alma"). O holandês não possui, porém, termos diferentes para estes dois conceitos, mas apenas "ziel", de modo que optamos por "mente", para que o leitor pudesse tranquilamente fazer a aproximação entre este conceito e o de "mente" da *Ética*. Cabe alertar, porém, que isso gerará estranhamento em algumas formulações de origem cartesiana, pois as traduções do filósofo francês tendem a optar por "alma". (N.T.)

Capítulo X: o que são o bem e o mal

[1] Para dizer agora, brevemente, *o que são em si mesmos o bem e o mal*, começaremos assim:

Algumas coisas estão em nosso intelecto, e não na Natureza e, portanto, são também uma obra unicamente nossa e servem para entender distintamente as coisas; entre elas incluímos todas as relações que se referem a coisas diversas, e às quais chamamos *Entia Rationis* [entes de razão].

[2] Assim se põe agora a pergunta, *se o bem e o mal se incluem entre os ENTIA Rationis ou entre os ENTIA realia* [entes reais]. Mas, posto que o bem e o mal não são outra coisa senão relações, então está fora de dúvida que devem ser colocados entre os *ENTIA Rationis*, pois jamais se disse que algo é bom, senão em relação a outro que não é tão bom ou não nos é tão útil como o primeiro. E, assim, quando alguém diz que um homem é mau, não o diz senão em relação a um outro que é melhor; ou, também, que uma maçã é má, senão em relação a outra que é boa ou melhor.

Tudo isso seria impossível poder dizer, se este *melhor ou bom, em relação ao qual ela foi classificada como tal, não existisse.*

[3] Assim, então, quando se diz que *algo é bom*, não se diz outra coisa senão que *isto concorda com a ideia geral que nós temos de tais coisas*. E, por conseguinte, como dissemos anteriormente, as coisas devem concordar com suas ideias particulares, cujo ser deve constituir uma essência perfeita, e não com a ideia geral, já que então nem existiriam.

[4] Quanto à confirmação do que agora dissemos, a coisa para nós está clara; não obstante, à guisa de conclusão do que foi dito, vamos acrescentar as seguintes provas.

Tudo que existe na NATUREZA são ou coisas, ou ações. Ora, o bem e o mal não são coisas nem ações. LOGO, o bem e o mal não existem na Natureza.

Com efeito, se o bem e o mal são coisas ou ações, então devem ter suas definições. Mas o bem e o mal (como, por exemplo, a bondade de Pedro e a maldade de Judas) não têm uma definição fora da essência de Judas e de Pedro, já que somente a essência existe na Natureza e a eles não há como defini-los fora de suas essências. Logo, segue-se, como antes, que o bem e o mal não são coisas nem ações que existam na Natureza.

Segunda Parte: do homem e de quanto lhe pertence

Prefácio [Segunda parte]

[1] Visto que na primeira parte falamos de Deus e das coisas universais e infinitas, nesta segunda parte estudaremos as coisas particulares e limitadas. Mas não todas, pois são inumeráveis. Trataremos unicamente das que concernem ao homem e, para isso, consideraremos, em primeiro lugar, o que é o homem enquanto consiste em alguns modos (contidos nos dois atributos que observamos em Deus).

[2] Digo alguns *modos*, porque não penso absolutamente que o homem, enquanto consiste em espírito (mente[69]) ou corpo, *seja uma substância*, pois demonstramos no princípio deste livro:

1. *Que nenhuma substância pode ter começo.*

---

[69] I – Nossa mente é ou uma *substância* ou um *modo*. Não é uma *substância*, porque já demonstramos que não pode haver na Natureza substância limitada; logo, é um *modo*.

II – Sendo modo, então deve ser um modo ou da *extensão* substancial ou do *pensamento* substancial. Não é da extensão, porque etc.; logo, é do pensamento.

III – Como o *pensamento substancial* não pode ser limitado, ele é *infinitamente perfeito em seu gênero* e é um atributo de Deus.

IV – Um *pensamento perfeito* deve ter um *conhecimento*, uma ideia, um modo de pensar de todas e cada uma das *coisas existentes*, tanto das *substâncias* como dos *modos*, sem exceção.

V – Dizemos *existentes* porque não falamos de um conhecimento, de uma ideia, etc., que conhece em sua essência a Natureza inteira, no encadeamento de todos os seres, independentemente de sua existência particular, mas somente de um conhecimento, uma ideia, etc., das coisas particulares que vêm, cada uma delas, a existir.

VI – Esse conhecimento, ideia, etc., de cada coisa particular que vem a ser existente, dizemos que é a *mente* de cada coisa particular.

2. *Que uma substância não pode produzir outra.*

E finalmente:

3. *Que não pode haver duas substâncias iguais.*

Portanto, como o homem não existiu desde toda a eternidade, sendo limitado e igual a muitos homens, não pode ser uma *substância*.

[3] De sorte que tudo que ele tem de pensamento são somente *modos do atributo pensante que referimos a Deus*; e que, por sua vez, tudo que

---

VII – Toda e cada coisa particular que vem a ser existente, vem a sê-lo por movimento e repouso, e assim são todos os modos na extensão substancial, os quais denominamos *corpos*.

VIII – A diversidade entre esses corpos surge somente desta ou daquela proporção de movimento e repouso, pela qual *isto* é *assim* e não de *outra maneira*, *isto* é *isto* e não *aquilo*.

IX – Dessa proporção de movimento e repouso vem também a ser existente este *nosso corpo*, do qual, não menos que de todas as outras coisas, deve haver na coisa pensante um conhecimento, uma ideia, etc.; e assim vem também *nossa mente*.

X – Mas este nosso corpo, quando era uma criança não nascida, estava em outra proporção de movimento e repouso, e depois existirá em outra proporção quando estivermos mortos. Igualmente, haverá e havia na coisa pensante uma ideia ou conhecimento, etc., de nosso corpo, como agora, mas de maneira nenhuma será a mesma, porque agora ele está diferentemente proporcionado em movimento e repouso.

XI – Para causar no pensamento substancial uma ideia, conhecimento, modo de pensar, tal como é agora este nosso, não é requerido um corpo qualquer (cujo conhecimento deveria ser então diferente do que é), mas um corpo que possua precisamente essa proporção de movimento e repouso e não outra, pois tal é o corpo, tal é a mente, a ideia, o conhecimento, etc.

XII – Se tal corpo tem e mantém essa sua proporção, por exemplo, de 1 a 3, esse corpo e a mente serão como o nosso é agora; estará submetido a uma mudança contínua, porém não tão grande que se ultrapasse a proporção de 1 a 3; tanto muda esse corpo, tanto muda a cada vez a mente.

XIII – E essa mudança em nós, que provém de outros corpos que agem sobre nós, não pode dar-se sem que a mente, que também muda continuamente, o perceba. Essa mudança é propriamente o que chamamos sensação.

XIV – Porém se outros corpos atuam sobre o nosso tão violentamente que a proporção de movimento de 1 a 3 não pode permanecer, isto é a morte e o aniquilamento da mente enquanto é somente uma ideia, conhecimento, etc. deste corpo assim proporcionado em movimento e repouso.

XV – Mas como a mente é um modo na substância pensante, pôde também conhecê-la e amá-la, assim como à da extensão, e unindo-se às substâncias (que permanecem sempre as mesmas) pôde fazer-se a si mesma eterna.

ele tem de forma, movimento, e outras coisas, são *igualmente modos do outro atributo que referimos a Deus.*

[4] E embora, a partir do fato de que a *natureza do homem* não pode existir nem ser entendida sem os atributos que nós mesmos admitimos ser substância, alguns tentem provar que o homem é uma substância, isso não tem nenhum outro fundamento além de falsas suposições; pois, como a natureza da matéria ou do corpo já existia antes que existisse a forma de tal corpo humano, essa natureza não pode ser própria do corpo humano; pois é claro que isso não podia pertencer sempre à *natureza do homem* no tempo em que o homem não existia.

[5] E negamos o que eles põem como regra fundamental: *pertence à natureza de uma coisa aquilo sem o qual a coisa não pode existir nem ser entendida*; pois já demonstramos que *sem Deus nada pode existir nem ser entendido*; isto é, que Deus deve ser e ser entendido antes que todas as coisas particulares sejam e sejam entendidas. Também mostramos que os gêneros não pertencem à natureza da definição, mas que as coisas que são incapazes de existir sem outras tampouco podem ser entendidas sem elas. Nessas condições, que regra colocamos para saber o que pertence à natureza de uma coisa? A seguinte: *pertence à natureza de uma coisa aquilo sem o qual ela não pode existir nem ser entendida*; porém não só isso, mas de tal maneira que a proposição seja sempre reversível, a saber, que *o que se afirma também não pode, sem a coisa, existir nem ser entendido.*

Começaremos o primeiro capítulo tratando dos modos em que consiste o homem.

Capítulo I: da opinião, da crença e do saber

[1] Para começar o tratamento dos modos[70] em que o homem consiste, diremos:

1. O que são;

2. Seus efeitos;

3. Sua causa.

Com respeito ao primeiro ponto, comecemos por aqueles que primeiro nos são conhecidos, a saber, *alguns conceitos* ou *a consciência do conhecimento de nós mesmos e das coisas que estão fora de nós.*

[2] Adquirimos esses conceitos.[71]

1. Simplesmente por crença (que provém ou da experiência ou do ouvir dizer).

2. Ou bem por uma verdadeira crença.

3. Ou bem por uma intelecção clara e distinta.

O primeiro modo está geralmente sujeito a erro; o segundo e o terceiro, embora difiram um do outro, não podem propriamente levar a erro.

[3] Para entender mais claramente tudo isso, proporemos um exemplo tirado da regra de três:

---

[70] Os modos em que consiste o homem são conceitos que se dividem em *opinião, verdadeira crença e conhecimento claro e distinto*, causados pelos objetos, cada um segundo seu jaez.

[71] Os conceitos dessa crença são expostos no capítulo seguinte e são comumente chamados *opiniões*, o que igualmente ela é.

Alguém somente ouviu dizer que se, de acordo com a regra de três, se multiplica o segundo número e o terceiro, e se divide então o total pelo primeiro número, se encontra um quarto número que tem com o terceiro a mesma razão que o segundo tem com o primeiro. Sem advertir que quem o ensinou podia ter mentido, esse alguém dirigiu suas ações de acordo com aquilo, sem ter mais conhecimento da regra de três do que um cego, da cor; e assim repetiu tudo que poderia ter dito a respeito como um papagaio repete o que lhe ensinaram.[72] Um outro, de discernimento melhor, não se contenta com o ouvir dizer, mas busca verificação em alguns cálculos particulares, e, encontrando que esses cálculos estão em acordo, lhes dá sua crença. Porém temos motivo para dizer que esse modo está igualmente sujeito a erro; com efeito, que segurança tem de que a experiência de alguns casos particulares possa lhe servir como regra para todos?[73]

Um terceiro, que não se satisfaz com o ouvir dizer, porque pode enganá-lo, nem com a experiência de alguns casos particulares, porque ela não pode ser uma regra, consulta a verdadeira razão, a qual jamais enganou a quem a usou bem. Esta lhe diz que, *de acordo com a propriedade dos números proporcionais, é assim e não poderia ser de outro modo.*[74]

Mas um quarto, que tem o conhecimento mais claro, não precisa do ouvir dizer, nem da experiência, nem da arte de raciocinar, porque com sua intuição vê imediatamente a proporcionalidade e todos os cálculos.[75]

---

[72] Este apenas opina, ou como comumente se diz, crê somente pelo ouvir dizer.

[73] Este opina ou crê não somente por ouvir dizer, mas pela experiência. São essas as duas maneiras de opinar.

[74] *Esse tem certeza pela verdadeira crença, que jamais pode enganá-lo; é ele que propriamente crê.*

[75] *Este último nunca opina [imagina] nem crê, porém contempla a coisa mesma, não por outra coisa mas em si mesma.*

Capítulo II: o que são a opinião, a crença e o conhecimento claro

[1] Agora nos ocuparemos dos efeitos dos distintos conhecimentos de que falamos no capítulo anterior, e de passagem diremos uma vez mais o que são *a opinião, a crença e o conhecimento claro*. O primeiro nós chamamos aqui opinião, o segundo crença, mas o terceiro é o que chamamos conhecimento verdadeiro.

[2] Chamamos *opinião* ao primeiro porque está sujeito a erro e porque jamais tem lugar com respeito a algo de que estamos certos, mas só quando se fala de conjeturar e supor.

Chamamos *crença* ao segundo porque as coisas que apreendemos unicamente pela razão, nós não as vemos, mas somente as conhecemos pelo convencimento, no intelecto, de que devem ser assim, e não de outra maneira.

Porém denominamos *conhecimento claro* àquele que não é por convencimento da razão, mas sim por um sentir e um gozar a própria coisa; esse conhecimento vai muito além dos demais.

[3] Depois desse preâmbulo, ocupemo-nos dos seus *efeitos*. Diremos que do primeiro surgem todas as *paixões (passien)* que são contrárias à boa razão. Do segundo, os bons *desejos*, e do terceiro, o verdadeiro e sincero *amor*, com todos os seus frutos.

[4] De sorte que colocamos o *conhecimento* como causa próxima de todas as paixões na mente, porque consideramos totalmente impossível que alguém que não conceba nem conheça de acordo com os princípios e modos precedentes possa ser movido ao *amor*, ao *desejo*, ou a qualquer outro modo da vontade.

Capítulo III: origem da paixão.
Da paixão vinda da opinião

[1] Vejamos agora, tal como prometemos, de que maneira as *paixões* (passien) vêm a nascer da opinião. Para fazê-lo de maneira inteligível, tomaremos algumas das [paixões] particulares como exemplos e, a partir daí demonstraremos o que diremos delas.

[2] Que seja a primeira a *admiração*, que se encontra em quem conhece a coisa pelo primeiro modo; pois, como extrai de alguns particulares uma conclusão que é universal, ele fica surpreso quando vê que algo contradiz sua conclusão.[76] Como alguém que jamais tivesse visto senão cordeiros de cauda curta se admiraria ante os cordeiros do Marrocos, que têm a cauda longa. Conta-se que um camponês meteu na cabeça que não havia mais campos além do seu. Mas uma de suas vacas desapareceu e, vendo-se obrigado a buscá-la longe, caiu em admiração quando viu que mais além de seus campos havia muitos outros.

---

[76] Não se deve entender que a admiração deve estar sempre precedida por uma conclusão formal, mas que também se produz sem conclusão, a saber, quando presumimos que a coisa não é de outro modo senão como a costumamos ver, ouvir ou entender, etc. Por exemplo, Aristóteles diz: "o cachorro é um animal que late", e disso conclui que *tudo o que late é cachorro*. Porém, se um camponês diz "*um cachorro*", entende implicitamente o mesmo que Aristóteles com sua definição; de sorte que, se o camponês ouve latir, diz: "*é um cachorro*". Por conseguinte, se ouvir latir outro animal, o camponês, sem ter feito nenhum raciocínio, se sentirá tão admirado quanto Aristóteles, que fez o raciocínio. Ademais, quando percebemos algo em que nunca havíamos pensado, não é que nunca tenhamos conhecido algo parecido, no todo ou em parte, mas somente que não está disposto em tudo do mesmo modo, ou que nunca fomos afetados da mesma maneira pela coisa, etc.

[3] E certamente isto deve ocorrer em muitos *filósofos* que metem na cabeça que fora desse pequeno campo ou desse pequeno monte de terra sobre o qual eles estão não há nenhum outro (porque não contemplaram nada mais). Porém nunca há admiração em quem extrai conclusões verdadeiras. Essa é a primeira [paixão].

[4] A segunda será o *amor*: considerando que nasce ou de conceitos verdadeiros, ou de opiniões, ou enfim do puro ouvir dizer, veremos primeiro como ele vem das opiniões e depois como vem de conceitos, pois o primeiro tende à nossa ruína e o segundo à nossa suprema salvação; e então veremos o último [o ouvir dizer].[77]

[6] Quanto ao primeiro [tipo de amor], é tal que sempre que alguém vê ou opina [imagina] ver algo bom, inclina-se a unir-se com isso, e, pelo que observa de bom nesse objeto, prefere-o como o melhor, fora do qual não conhece nada melhor nem mais agradável. Mas quando ocorre (como é frequente nessas coisas) que se venha a conhecer algo melhor que o bom que se conhece atualmente, então se desvia imediatamente o amor do primeiro objeto para o segundo. Mais adiante, ao tratar da liberdade do homem, nós o exporemos mais claramente.

[7] Do amor que nasce de conceitos verdadeiros, aqui não é o lugar de falar, por isso nós o deixaremos de lado e falaremos do terceiro e último, a saber, do amor que vem só do ouvir dizer.

[5] Este último, observamo-lo comumente nas crianças para com os pais; estas, porque o pai lhes diz que isto ou aquilo é bom, inclinam-se a tal coisa sem saber nada mais a respeito. Vemo-lo igualmente em quem deixa sua vida por amor à pátria; e finalmente naqueles que, por ouvir falar de algo, vêm a enamorar-se dele.

[8] O *ódio*, exato contrário do amor, nasce do erro que provém da opinião, pois, se alguém chegou à conclusão de que algo é bom e que um outro vem a prejudicar esse objeto, nasce nele o ódio contra o autor dessa ação, ódio que jamais poderia ter lugar nele se tivesse conhecimento do

---

[77] A partir daqui, como na maior parte das edições, fizemos uma pequena alteração na ordem dos parágrafos, reconstituindo a ordenação dos temas proposta no parágrafo [4], evitando, assim, um evidente truncamento no texto. A numeração dos parágrafos, porém, segue o original. (N.T.)

verdadeiro bem, como diremos depois. Pois tudo que existe ou é pensado é pura miséria em comparação com o verdadeiro bem. E um tal miserável não é mais digno de comiseração do que de ódio? Finalmente, o ódio vem também do mero ouvir dizer, como vemos no caso dos turcos contra os judeus e os cristãos, e os judeus contra os turcos e os cristãos, e os cristãos contra os judeus e os turcos. Quanta ignorância na maioria deles acerca dos cultos e dos costumes dos outros!

[9] Sobre o *desejo*, que ele consista unicamente, como querem alguns, no apetite ou atração por obter aquilo de que se carece, ou, como querem outros,[78] por manter aquilo de que já gozamos, é certo que jamais pôde ser encontrado em alguém senão sob a aparência do bom.

[10] Portanto é claro que o *desejo*, assim como o amor de que acabamos de falar, se origina no primeiro modo de conhecimento, pois, se alguém ouve dizer que uma coisa é boa, adquire o apetite e a atração por ela, tal como se vê em um enfermo que, só por ter ouvido dizer ao médico que tal ou qual remédio é bom para o seu mal, imediatamente se sente inclinado ao remédio. O desejo nasce também da experiência, como se vê na prática dos médicos que, tendo achado bom um remédio algumas vezes, têm o costume de considerá-lo como uma coisa infalível.

[11] Tudo o que acabamos de dizer dessas paixões podemos dizê-lo de todas as demais, como é claro para todos. E porque na sequência começaremos a investigar quais são as paixões racionais e quais são as irracionais, deixaremos esse ponto por enquanto, e nada mais acrescentaremos.

---

[78] A primeira definição é a melhor; pois, quando se goza de uma coisa, cessa o desejo dessa coisa, e a disposição a conservá-la que se manifesta então em nós não é um desejo, mas o temor de perder a coisa amada.

Capítulo IV: o que procede da crença. E do bem e do mal do homem

[1] Havendo demonstrado no capítulo anterior como as paixões nascem do erro da opinião, vejamos agora os efeitos dos dois outros modos de conhecer e, antes de tudo, do modo que denominamos *verdadeira crença*.[79]

[2] Esse modo de conhecimento nos mostra o que deve ser a coisa, porém não o que ela é verdadeiramente. Por isso jamais nos pode unir à coisa em que cremos. Digo, por conseguinte, que somente nos ensina o que deve ser a coisa, e não o que ela é, e há uma diferença muito grande entre os dois. Pois, como dissemos no exemplo da regra de três, se alguém pode encontrar, pela proporcionalidade, um quarto número que está para o terceiro assim como o segundo para o primeiro, poderá afirmar (depois de ter feito a multiplicação e a divisão) que os quatro números devem ser proporcionais; e ainda que assim seja, não menos falará deles como de uma coisa que está fora dele. Porém, se ele chegar a contemplar a proporcionalidade, como mostramos no quarto caso

---

[79] *A crença é uma poderosa convicção por razões, que me convence em meu intelecto de que a coisa é verdadeiramente, fora do meu intelecto, tal qual estou convencido de que é em meu intelecto.* Digo *uma poderosa convicção por razões*, para distingui-la tanto da opinião, sempre duvidosa e sujeita ao erro, como do saber, que não é um convencimento por razões, mas uma união imediata com a própria coisa. Digo ademais que essa coisa é *verdadeiramente, fora do meu intelecto, tal qual ela é em meu intelecto. Verdadeiramente,* porque nesse modo de conhecimento as razões não podem enganar, senão não se distinguiriam da opinião. *Tal qual,* porque esse modo de conhecimento pode me dizer somente o que deve ser a coisa, não o que ela é verdadeiramente, senão não se distinguiria do saber. *Fora,* pois nos faz gozar intelectualmente não do que está em nós, mas do que está fora de nós.

do exemplo, dirá então em verdade que a coisa é assim, considerando que ela está nele, e não fora dele. E foi isso sobre o primeiro ponto.

[3] O segundo efeito da verdadeira crença é que nos conduz a um entendimento claro, pelo qual amamos a Deus, e que assim nos faz perceber intelectualmente as coisas que não estão em nós, mas fora de nós.

[4] O terceiro efeito é que ela nos proporciona o conhecimento do bem e do mal, e nos indica todas as paixões que é preciso destruir. E como já dissemos que as paixões que se originam da opinião são sujeitas a grande mal, vale a pena ver uma vez de que maneira elas passam pelo crivo deste segundo modo de conhecimento, para descobrir o que nelas é bom ou mau. Para fazê-lo convenientemente, usando o mesmo método de antes, consideremo-las de perto, para poder reconhecer as que devemos eleger e as que devemos rechaçar. Porém antes de passar a esse assunto, digamos brevemente o que são o bem e o mal do homem.

[5] Já dissemos antes que todas as coisas são necessárias e que *na Natureza não existe bom nem mau*. De modo que tudo que queremos do homem deverá ser do seu *gênero*, que não é senão um *ente de razão*. Por conseguinte, quando compreendemos em nosso intelecto uma ideia de um homem perfeito, isso poderia ser uma causa para ver (quando nos examinamos a nós mesmos) se há também em nós um meio de alcançar uma perfeição semelhante.

[6] Por isso, chamaremos bom tudo que nos aproxima dessa perfeição, e mau o que, pelo contrário, nos impede de alcançá-la ou não nos aproxima dela.

[7] Digo, por conseguinte, que devo conceber um homem perfeito se quero contar algo referente ao bem e ao mal do homem. Com efeito, se tratasse do bem e do mal, por exemplo, em *Adão*, confundiria então um ente real (*ens reale*) com um ente de razão (*ens rationis*), atitude que um filósofo correto deve evitar cuidadosamente, por motivos que exporemos a seguir ou em outras ocasiões.

[8] Ademais, como o fim de *Adão* ou de qualquer outra criatura particular não nos é conhecido senão pelo resultado, então o que podemos dizer do fim do homem deve fundar-se unicamente no conceito de

um homem perfeito[80] em nosso intelecto. Podemos conhecer o fim de tal homem porque ele é um ente de razão e podemos conhecer também, como já foi dito, seu bem e seu mal, que são apenas modos de pensar.

[9] Para chegar gradualmente à questão, já indicamos como do conceito nascem os movimentos, as paixões e ações da mente, e dividimos esse conceito em quatro: *1ª unicamente o ouvir dizer; 2ª a experiência; 3ª a crença; 4ª o conhecimento claro*. Depois de haver visto os efeitos de todos esses conceitos, parece evidente que o quarto, o conhecimento claro, é o mais perfeito de todos; pois a opinião frequentemente nos induz ao erro, a verdadeira crença é boa somente porque é o caminho que conduz ao conhecimento verdadeiro, levando-nos até as coisas que são realmente dignas de serem amadas; de maneira que o fim último que procuramos alcançar e o melhor que conhecemos é o *conhecimento verdadeiro*.

[10] Todavia, esse *conhecimento verdadeiro* difere também de acordo com os objetos que se lhe oferecem, de modo que quanto melhor seja o objeto a que se une, melhor será o conhecimento; por conseguinte, o homem mais perfeito se une a Deus, o ser sumamente perfeito e, assim, goza Dele.

[11] Para descobrir o que é bom e mau nas paixões, nós as consideraremos uma após outra e começaremos com a *admiração*. Essa paixão, porque nasce da ignorância ou do prejuízo, é uma imperfeição no homem que está sujeito a tal perturbação. Digo uma imperfeição, porque por si mesma a admiração não leva a nenhum mal.

---

[80] Pois não se pode ter de nenhuma criatura particular uma ideia que seja perfeita, já que a perfeição mesma dessa ideia, seja ela uma perfeição verdadeira ou não, não pode ser deduzida senão de uma ideia perfeita universal ou *ens rationis*.

Capítulo V: do amor

[1] O amor, que não é senão gozar uma coisa e unir-se com ela, nós o dividiremos segundo as qualidades do objeto que o homem procura gozar e ao qual quer unir-se.

[2] Certos objetos são em si mesmos perecíveis; outros são não-perecíveis devido a sua causa; mas há um terceiro eterno e imperecível só por sua própria força e potência.

As coisas perecíveis são todas as coisas particulares que não existiram em todos os tempos ou que tiveram um começo.

Os outros são todos os *modos* que dissemos ser causa dos modos particulares.

Mas o terceiro é Deus ou, o que nós chamamos o mesmo, a verdade.

[3] O amor nasce, assim, do conceito e do conhecimento que temos de uma coisa, e quanto maior e magnífica se mostra a coisa, tanto maior é o amor em nós.

[4] Podemos nos livrar do amor de duas maneiras: ou pelo conhecimento de uma coisa melhor, ou pela experiência de que a coisa amada, que antes era considerada grande e magnífica, traz consigo muita desgraça e infortúnio.

[5] Também é característica do amor que não nos esforcemos para nos livrarmos dele (como da admiração e de outras paixões), e isso por duas razões: primeiro, porque é impossível; segundo, porque é necessário que não nos livremos dele.

É impossível porque não depende de nós, mas somente do bem e da utilidade que vemos no objeto, e, se não quiséssemos amá-lo, seria necessário que primeiro não o tivéssemos conhecido, o que não está em nossa liberdade ou não depende de nós, porque, se não conhecêssemos nada, certamente também não existiríamos.

É necessário que não nos livremos dele, pois, por causa da debilidade da nossa natureza, não poderíamos existir sem gozar algo a que estivéssemos unidos e que nos fortalecesse.

[6] Desses três, qual devemos eleger ou rechaçar? No caso das coisas *perecíveis* (porque, como dissemos, devido à debilidade de nossa natureza, devemos necessariamente amar algo e nos unir a ele para existir), é certo que não vamos nos fortalecer em nossa natureza por amar as coisas perecíveis e nos unirmos com elas, pois elas mesmas são débeis, e um aleijado não pode carregar a outro. E não somente não nos favorecem, mas ainda nos prejudicam; pois dissemos que o amor é *uma união com o objeto julgado magnífico e bom por nosso intelecto*; queremos dizer uma união pela qual o amante e o amado se convertem em uma mesma coisa e formam um todo. Logo, quem se une a coisas perecíveis é sem dúvida muito miserável; pois como elas estão fora de nosso poder e sujeitas a muitos acidentes, é impossível que, se elas vêm a sofrê-los, ele mesmo [o amante] possa se livrar deles. Portanto, chegamos à seguinte conclusão: se os que amam as coisas perecíveis, que ainda têm algum grau de essência, são tão miseráveis, quanto mais serão aqueles que amam as honras, as riquezas e os prazeres, que carecem totalmente de essência!

[7] Creio que isso basta para mostrar como a *razão* nos aconselha a nos separar das coisas perecíveis, porque, pelo que acabamos de dizer, manifestam-se claramente o veneno e o mal contidos e ocultos no amor dessas coisas. Porém o vemos de maneira incomparavelmente mais clara se consideramos de que bem magnífico e excelente somos privados pelo gozo dessas coisas.

[8] Já dissemos que as coisas perecíveis estão *fora de nosso poder*. Para que bem nos entendam: não queremos dizer que sejamos uma causa livre que não depende de nenhuma outra, mas quando dizemos que certas coisas estão *em nosso poder* e outras *fora de nosso poder*, entendemos pelas *primeiras* aquelas que realizamos segundo a ordem da Natureza ou junto com a Natureza, de que somos uma parte, e, pelas *segundas*, aquelas que, *sendo-nos exteriores, não são submetidas por nós a nenhuma*

mudança, porque estão muito afastadas de nossa essência real, assim instituída pela Natureza.

[9] Passamos agora ao segundo tipo de objetos, que, embora sejam eternos e imutáveis, não o são por sua própria força. Mas, submetendo-os a um rápido exame, perceberemos logo que se trata somente dos modos que dependem imediatamente de Deus. Como essa é sua natureza, não os poderemos conhecer, a menos que tenhamos ao mesmo tempo um conceito de Deus, em quem, como é perfeito, nosso amor deve necessariamente repousar; em uma palavra, nos será impossível, se nos servirmos bem do nosso intelecto, nos abster de amar a Deus.

As razões deste fato são claras:

[10] Em primeiro lugar porque constatamos que somente Deus tem o ser e que todas as restantes coisas não são seres mas modos. Como os modos não podem ser corretamente entendidos sem o ser do qual dependem imediatamente e como já demonstramos que se, ao amar algo, chegarmos a conhecer outra coisa melhor do que aquela que amamos, de pronto nos lançamos a ela e abandonamos a primeira; disso segue irrefutavelmente que, se chegarmos a conhecer Deus, que tem só nele toda a perfeição, necessariamente deveremos amá-lo.

[11] Segundo. Se nos servimos bem do nosso intelecto no conhecimento das coisas, devemos conhecê-las em suas causas. Ora, como Deus é a causa primeira de todas as outras coisas, o conhecimento de Deus é, por natureza, anterior ao de todas as demais. Com efeito, o conhecimento de todas estas deve seguir do conhecimento da causa primeira. E como o verdadeiro amor nasce sempre do conhecimento de que a coisa é magnífica e boa, o que pode então seguir-se senão que o amor não poderá derramar-se sobre ninguém com mais força do que sobre o senhor nosso Deus? Porque somente Ele é magnífico e um bem perfeito.

[12] Assim vemos como fortalecer o amor e como este deve repousar *unicamente em Deus*. O que ainda temos a dizer do amor, trataremos de fazê-lo quando nos ocuparmos do último modo de conhecimento. Passemos agora à investigação já mencionada: quais paixões devem ser admitidas e quais rechaçadas.

Capítulo VI: do ódio

[1] O ódio é uma inclinação a apartar de nós o que nos tenha causado algum mal. Devemos considerar agora que produzimos nossas ações de duas maneiras, a saber, com paixões ou sem elas. *Com paixões*, como se vê normalmente nos senhores contra os seus servos que tenham cometido uma falta, o que geralmente não ocorre sem ira; *sem paixões*, como se diz de Sócrates, que, se tinha de castigar um escravo para corrigi-lo, não o fazia enquanto estivesse com o ânimo perturbado contra o escravo.

[2] Como vemos que nossas obras podem ser feitas por nós com paixões ou sem elas, pensamos ser claro que as coisas que nos são ou tenham sido obstáculos, podem, se for necessário, ser repelidas sem que nos perturbemos. Que é então melhor? Fugir das coisas com aversão e ódio, ou suportá-las pela força da razão, sem perturbação do ânimo (coisa que pensamos ser possível)? Antes de tudo, é certo que, se fizermos sem paixões o que temos que fazer, daí não pode resultar nenhum mal. E como entre o bem e o mal não existe termo médio, vemos que deve ser bom agir sem paixão, dado que é mau fazê-lo com paixão.

[3] Mas vejamos se há algum mal em fugir das coisas com ódio e aversão. Com respeito ao ódio que nasce da opinião, é certo que não deve ocupar nenhum lugar em nós, pois sabemos que uma mesma coisa é uma vez boa e outra vez má para nós, como se dá sempre no caso das plantas medicinais. No fundo, trata-se de saber se o ódio surge em nós somente pela opinião ou também pelo verdadeiro raciocínio. Porém, para examinar esse ponto, parece-nos apropriado explicar claramente o que é o ódio e distingui-lo da aversão.

[4] Afirmo que o ódio é uma perturbação da mente contra quem nos fez mal com vontade e saber. Porém a aversão é a perturbação que nasce em nós contra uma coisa por causa do desconforto ou sofrimento que, segundo entendemos ou opinamos, está na coisa por natureza. Digo *por natureza* porque, se não temos essa opinião, mesmo que tenhamos sofrido por sua causa algum incômodo ou sofrimento, não teremos aversão a ela, posto que ainda podemos esperar dela alguma utilidade, assim como quem tenha sido ferido com uma pedra ou uma faca, nem por isso terá aversão a elas.

[5] Depois dessa observação, consideremos brevemente os efeitos dessas duas paixões. Do ódio nasce a tristeza e, quando o ódio é grande, a ira, a qual não somente inclina, como o ódio, a fugir da coisa odiada, mas também a destruí-la se for factível. Desse ódio grande nasce igualmente a inveja. Porém da aversão nasce alguma tristeza porque tentamos nos privar de uma coisa que, sendo existente, também deve ter sempre sua essência e perfeição.

[6] A partir do que foi dito, pode-se entender facilmente que, se nos servimos bem de nossa razão, não podemos ter nenhum ódio nem aversão contra algo porque, ao fazê-lo, nos privamos da perfeição que há em todas as coisas. E, portanto, também vemos pela razão que jamais podemos odiar alguém, porque tudo que existe na Natureza, se disso queremos algo, devemos sempre transformá-lo em algo melhor ou para nós, ou para a própria coisa.

[7] E visto que um homem perfeito é o que de melhor nós conhecemos ao ter presente ou diante dos olhos, então o melhor para nós, e para cada homem em particular, é sempre nos esforçarmos para conduzir os homens até esse estado perfeito; pois somente então podemos ter deles, e eles de nós, o maior dos frutos. O meio para isso é considerá-los sempre como nossa boa consciência nos ensina e exorta, pois ela não nos impulsiona jamais para nossa ruína, mas sempre para nossa salvação.

[8] Concluímos afirmando que o ódio e a aversão têm tantas imperfeições quanto, ao contrário, o amor tem perfeições, pois o amor produz sempre melhora, fortalecimento e crescimento, o que é a perfeição; enquanto o ódio, ao contrário, sempre visa a devastação, enfraquecimento e aniquilação, e isso é a imperfeição mesma.

Capítulo VII: da alegria e da tristeza

[1] Depois de haver visto que o ódio e a admiração são tais que podemos livremente dizer que jamais puderam ter lugar em quem se serve do seu intelecto como convém, continuaremos da mesma maneira a falar das restantes paixões. Para começar, as primeiras serão o desejo e a alegria. Visto que surgem das mesmas causas de que provém o amor, nada mais temos a dizer delas, senão que devemos recordar o que anteriormente dissemos; e dito isso as deixamos.

[2] A essas paixões acrescentaremos a *tristeza*, da qual podemos afirmar que nasce somente da opinião e da ilusão a partir desta, pois provém da perda de um bem.

Dissemos anteriormente que tudo que fazemos deve tender ao avanço e ao melhoramento. Mas é certo que, quando estamos tristes nos tornamos incapazes de fazer algo assim; por isso, temos que nos livrar dela, o que podemos fazer pensando no meio de recuperar a coisa perdida, se estiver em nosso poder; se não estiver, ainda assim temos de nos livrar da tristeza para não cair em todas as misérias que ela necessariamente traz consigo. Nos dois casos, com alegria, pois é tolice querer restaurar e melhorar um bem perdido desejando e despertando um mal.

[3] Finalmente, quem bem se serve do seu intelecto deve conhecer necessariamente a Deus antes de tudo, porque Deus, como demonstramos, é o sumo bem e todo o bem. Logo, daí segue irrefutavelmente que quem bem se serve de seu intelecto não pode cair em tristeza. Como poderia ser de outro modo? Ele repousa no bem que é todo o bem e no qual se encontra a plenitude de toda a alegria e toda a satisfação. Logo, a tristeza, como dissemos, provém da opinião ou da incompreensão.

Capítulo VIII: da estima e do desprezo, etc.

[1] Falaremos agora da estima e do desprezo, da nobreza e da humildade, da soberba e da auto-humilhação. Para discernir nessas paixões o bem e o mal, nós as examinaremos em separado e nessa ordem.

[2] A *estima* e o *desprezo* são somente relativos a algo grande ou pequeno enquanto conhecemos alguma coisa; grande ou pequeno que estão em nós ou fora de nós.

[3] A *nobreza* não se estende para fora de nós e é atribuída somente a quem conhece sua perfeição segundo seu justo valor, sem paixões e sem fazer caso da estima de si mesmo.

[4] Há *humildade* quando alguém conhece sua imperfeição, sem fazer caso do desprezo de si mesmo. A humildade não se estende para fora do homem humilde.

[5] Há *soberba* quando alguém se atribui uma perfeição que não se encontra nele.

[6] Há *auto-humilhação* quando alguém se atribui uma imperfeição que não lhe pertence. Não falo aqui dos hipócritas que, para enganar os outros, se rebaixam sem crer no que dizem, mas dos que creem que as imperfeições que se atribuem existem de fato neles.

[7] Feitas essas observações, aparece nitidamente o que cada uma dessas paixões tem em si de bom e de mau. A *nobreza* e a *humildade* fazem conhecer por si mesmas sua excelência; dizemos, com efeito, que quem as possui conhece sua perfeição e sua imperfeição conforme o seu valor; o que, *assim o ensina a razão*, é o melhor meio de alcançar

a nossa perfeição. Pois, se conhecemos exatamente o nosso poder e a nossa perfeição, vemos com clareza o que temos de fazer para chegar ao nosso bom fim. Se, por outra parte, conhecemos nossos defeitos e nossa impotência, vemos o que temos de evitar.

[8] Com respeito à soberba e à auto-humilhação, sua definição permite conhecer que nascem de uma certa opinião, pois afirmamos que a soberba se encontra em quem se atribui uma perfeição que não lhe pertence, e a auto-humilhação é o seu contrário exato.

[9] Transparece, pelo que antecede, que tanto quanto a nobreza e a verdadeira humildade são boas e saudáveis, inversamente a soberba e a auto-humilhação são más e corruptoras. Pois não somente as primeiras põem quem as possui em um estado bom, mas são também o justo degrau pelo qual subimos à nossa mais elevada salvação; pelo contrário, a soberba e a auto-humilhação não somente nos impedem de alcançar nossa perfeição, mas também nos conduzem a nossa ruína total. A auto-humilhação nos impede de fazer o que deveríamos fazer para nos tornarmos perfeitos; como se vê nos céticos que, ao negar que o homem possa possuir alguma verdade, se privam eles mesmos da verdade. A soberba nos impulsiona a aderirmos ao que nos conduz diretamente à ruína, como se vê naqueles que opinaram [imaginaram] e que ainda opinam [imaginam] que Deus os protege com favores milagrosos, e que, portanto, não devem temer nenhum perigo; confiantes em tudo, afrontam o fogo e a água, e assim perecem miseravelmente.

[10] Com respeito à *estima* e ao *menosprezo*, nada temos que dizer, salvo que é necessário recordar o que dissemos antes acerca do amor.

Capítulo IX: da esperança, do medo, etc.

[1] Agora começaremos a falar da esperança e do medo, da segurança, do desespero e da flutuação, da coragem, da audácia, da emulação, da pusilanimidade e da consternação [e finalmente dos ciúmes]. De acordo com nosso costume, nos ocuparemos dessas paixões uma após outra e mostraremos quais podem ser obstáculos e quais podem ser estímulos para nós. Será muito fácil, desde que observemos bem os conceitos que podemos ter de uma coisa por vir, seja ela boa ou má.

[2] Os conceitos que temos acerca da coisa mesma são os seguintes: (1ª) ou consideramos a coisa como contingente, isto é, podendo ocorrer ou não; (2ª) ou deve ocorrer necessariamente. Isso quanto à coisa mesma. Com respeito a quem concebe a coisa, ou deve fazer algo para promover a chegada da coisa, ou bem para impedi-la.

[3] Desses conceitos nascem todos esses sentimentos do seguinte modo: se concebemos que uma coisa que está por vir é boa e pode ocorrer, daí a mente adquire essa forma que denominamos *esperança*, e que não é mais que uma certa espécie de alegria mesclada com um pouco de tristeza. Se, pelo contrário, julgamos que a coisa que pode ocorrer é má, daí vem à nossa mente a forma que denominamos *medo*.

Se concebemos que a coisa é boa e ocorrerá necessariamente, daí vem à nossa mente a tranquilidade que denominamos *segurança* e que é uma certa espécie de alegria não mesclada de tristeza como no caso da esperança. Porém, se concebemos que a coisa é má e ocorrerá necessariamente, daí vem à mente o desespero, que não é mais que uma certa espécie de tristeza.

[4] Falamos até aqui das paixões contidas neste capítulo definindo-as de maneira afirmativa e dizendo o que é cada uma delas. Inversamente também podemos defini-las de modo negativo: esperamos que o mal não venha, tememos que o bem não ocorra, estamos seguros de que o mal não ocorrerá e nos desesperamos porque o bem não virá.

[5] Tendo falado das paixões enquanto nascem de conceitos relativos à coisa mesma, agora temos de falar das paixões que nascem de conceitos relativos a quem concebe a coisa. Se devemos fazer algo para provocar a realização de uma coisa e não nos resolvemos a tanto, a mente adquire uma forma que denominamos *flutuação*. Mas se a mente se resolve firmemente a realizar a coisa e esta é realizável, a isso chamamos *coragem*. E se é difícil realizar a coisa, então se denomina *intrepidez* ou *audácia*. Porém, se alguém se resolve a fazer algo porque outro o fez diante dele com bom resultado, chama-se *emulação*. Se alguém sabe o que deve fazer para provocar a realização de uma coisa boa e para impedir uma má e contudo não o faz, estamos ante o que se chama *pusilanimidade*, e quando esta é muito grande, se chama *consternação*.

Finalmente, os *ciúmes* ou *jalousie* são uma preocupação de ser capaz de gozar sozinho e conservar algo que agora se tem.

[6] Sabemos agora de onde nascem esses sentimentos, de modo que nos será muito fácil mostrar quais são bons e quais são maus. Quanto a esperança, medo, segurança, desespero e ciúmes, é certo que nascem de uma opinião má; com efeito, como já o demonstramos, todas as coisas têm sua causa necessária, por conseguinte devem necessariamente ocorrer como ocorrem. E, embora a segurança e o desespero pareçam ocupar seu lugar na ordem e na sucessão inquebrável das causas (pois nela tudo é inquebrável e inabalável), quando advertimos o que verdadeiramente são, tudo é muito distinto. Pois jamais existem segurança ou desespero sem que antes tenha havido esperança e medo (visto que as primeiras tiram seu ser destas últimas). Por exemplo, se alguém opina ser bom o que ainda tem a esperar, então adquire em sua mente a forma que denominamos esperança, e estando segura de alcançar o bem suposto, a mente adquire a tranquilidade que denominamos segurança. Devemos dizer do desespero o mesmo que acabamos de afirmar da segurança. De acordo com o que dissemos do amor, essas paixões também não podem ter lugar no homem perfeito, porque pressupõem coisas às quais, devido a sua natureza submetida à mudança (como observamos na definição do amor), não devemos aderir; mas às quais (como demonstramos na definição do ódio) também não devemos ter aversão; porém o homem imerso nessas paixões está sempre sujeito a essa adesão e a essa aversão.

[7] Com respeito à flutuação, à pusilanimidade e à consternação, essas paixões dão a conhecer sua imperfeição por seu próprio jaez ou natureza, pois tudo o que fazem em nosso benefício não é um efeito de sua natureza senão negativamente. Por exemplo, se alguém espera algo que opina ser bom, mas que não é, e se, por sua flutuação ou pusilanimidade, falta-lhe a coragem necessária para executá-lo, ele não se livra do mal, a que considerava um bem, senão negativamente ou por acaso. Por conseguinte, tampouco essas paixões podem ter lugar no homem dirigido pela verdadeira razão.

[8] Finalmente, não temos nada que dizer da coragem, da intrepidez e da emulação, salvo o que já dissemos do amor e do ódio.

Capítulo X: do remorso e do arrependimento

[1] Agora nos referiremos, ainda que brevemente, ao remorso e ao arrependimento. Estes só aparecem de surpresa, pois a única origem do remorso é fazermos algo do qual duvidamos ser bom ou mau. E o arrependimento provém de que tenhamos feito algo mau.

[2] Visto que muitos homens que utilizam bem o seu intelecto se extraviam às vezes (porque lhes falta o hábito requerido para usá-lo sempre bem), talvez se pudesse pensar que esse seu remorso e arrependimento poderiam levá-los mais rapidamente ao caminho reto, e extrair a conclusão (como todo mundo o faz) de que essas paixões são boas. Mas, se queremos considerá-las corretamente, descobriremos que não só não são boas, mas que são prejudiciais e, por conseguinte, más. Pois é evidente que a razão e o amor à verdade nos levam ao reto caminho sempre melhor que o remorso e o arrependimento. Esses são prejudiciais e maus por serem um tipo de tristeza, a qual já demonstramos que é prejudicial, portanto, sendo má, devemos nos esforçar para mantê-la afastada de nós; assim também, por conseguinte, devemos evitar o remorso e o arrependimento e fugir deles.

Capítulo XI: da zombaria e do gracejo

[1] A zombaria e o gracejo se fundam sobre uma opinião falsa e dão a conhecer uma imperfeição no zombador e no gracejador. Fundam-se sobre uma opinião falsa porque se pensa que aquele de que se zomba é a causa primeira de suas ações, e que essas não dependem necessariamente de Deus (como todas as restantes coisas que existem na Natureza). Dão a conhecer uma imperfeição no zombador, pois aquele de que se zomba é ou não é digno de zombaria. Se não é, mostram um mau jaez, zombando de quem não o merece; se ele é, mostram que se reconhece alguma imperfeição naquele de quem se zomba, imperfeição que o zombador deveria corrigir, não com zombaria, mas antes com boas razões.

[2] Quanto ao riso, não se refere a nada outro senão o homem que encontra em si mesmo algo bom, e como é uma espécie de alegria, nada podemos dizer dele que já não tenhamos dito da alegria. Falo do riso que tem como causa certa ideia que o excita, e não do que é causado pelo movimento dos espíritos animais. Não temos o propósito de falar deste último, que não apresenta nenhuma relação com o bem e o mal.

[3] Da inveja, da cólera e da indignação não há nada que dizer salvo recordar o que já dissemos do ódio.

Capítulo XII: da honra, da vergonha e do despudor

[1] Agora nos referiremos brevemente à *honra*, à *vergonha* e ao *despudor*.

A honra é uma espécie de alegria que cada um sente em si mesmo quando vê que sua conduta é estimada e louvada por outros, sem que estes o façam com vistas a uma vantagem ou benefício. A vergonha é uma certa tristeza que nasce em alguém quando vê que sua conduta é menosprezada por outros, sem que considerem alguma desvantagem ou prejuízo.

O despudor não é outra coisa que uma falta ou recusa de vergonha, cuja origem não é a razão, mas a ignorância da vergonha, como nas crianças, nos selvagens, etc., ou ainda um grande desprezo sofrido, o que faz que se passe por cima de tudo sem olhar para trás.

[2] Conhecendo esses sentimentos, também conheceremos simultaneamente a vanidade e a imperfeição que contêm. Pois a honra e a vergonha, segundo o que observamos em suas definições, não somente não têm nada favorável, mas (enquanto fundadas no amor-próprio e na opinião de que o homem é a causa primeira de suas ações e merece louvor e censura) são prejudiciais e devem ser rechaçadas.

[3] Não quero dizer que se deva viver entre os homens como se se vivesse em um mundo estranho onde a honra e a vergonha não tivessem lugar. Pelo contrário, reconheço que não somente nos é permitido usá-las se as empregamos para a utilidade dos homens e para melhorá-los, mas também que podemos fazê-lo limitando nossa própria liberdade (de resto perfeita e legítima). Por exemplo, se alguém se veste suntuosamente

para merecer consideração, busca a honra que nasce do amor de si, sem ter em conta seu próximo; porém, se alguém vê desprezada e pisoteada sua sabedoria (pela qual poderia ser favorável ao próximo) pela simples razão de que está mal vestido, este faz bem (no intuito de ajudá-los) em se prover de uma roupa que não os choque, assemelhando-se ao próximo para conquistá-lo.

[4] O despudor se apresenta a nós de tal maneira que, para perceber sua fealdade, não é necessário mais que sua definição; e ela bastará.

Capítulo XIII: do apreço,
da gratidão e da ingratidão

[1] Consideramos agora o apreço, a gratidão e a ingratidão. Com respeito aos dois primeiros, são a inclinação da mente a apreciar e a fazer o bem ao próximo. Digo *a apreciar*, quando a alguém que fez um bem é retribuído o bem. Digo *a fazer*, quando nós mesmos adquirimos ou recebemos um bem.

[2] Bem sei que a maioria dos homens julga esses sentimentos bons, mas apesar disso me atrevo a afirmar que não ocupam lugar nenhum em um homem perfeito; pois um homem perfeito se vê movido somente pela necessidade – sem outra causa – a ajudar a seu próximo; e portanto se acha tanto mais obrigado a ajudar aos mais ímpios quanto os vê em maior miséria e mais extrema penúria.

[3] A ingratidão é um menosprezo pela gratidão, como o despudor o é pela vergonha, e isso sem que se tenha em conta a razão, mas nascendo somente da avareza ou do amor-próprio excessivo e, por isso, não pode ter lugar em um homem perfeito.

Capítulo XIV: do pesar; e do bem e do mal nas paixões

[1] O *pesar* é a última coisa a que nos referiremos no tratamento das paixões. O *pesar* é uma espécie de tristeza que nasce da consideração de um bem que perdemos, sem esperança de recuperá-lo. Ele nos dá a conhecer sua imperfeição de tal maneira que basta contemplá-lo para declará-lo prontamente mau. Pois já demonstramos anteriormente que é mau se vincular e aderir às coisas que facilmente ou a qualquer momento podem nos faltar, e que não podemos ter quando queremos; e como se trata de uma certa espécie de tristeza, devemos evitá-lo, como já observamos antes, ao tratar da tristeza.

[2] Penso haver mostrado e demonstrado suficientemente que somente a *verdadeira crença* ou a razão podem nos levar ao conhecimento do bem e do mal. Assim, quando demonstrarmos que a causa primeira e principal de todos esses sentimentos é o *conhecimento*, aparecerá claramente que, servindo-nos bem do nosso intelecto e de nossa razão, jamais poderemos sucumbir àquelas [paixões] a que devemos rechaçar. Digo nosso *intelecto*, porque não creio que por si só a razão tenha poder para nos livrar de todas elas; assim o demonstraremos no lugar oportuno.

[3] Mas devemos ainda observar algo excelente acerca das paixões; vemos e encontramos que todas as que são boas são de um jaez e de uma natureza tais que não podemos ser nem subsistir sem elas; por conseguinte, nos pertencem como que essencialmente, tal como o *amor*, o *desejo* e tudo o que é próprio do amor. Mas é totalmente diferente o caso das que são más e que devemos rechaçar, visto que não somente

podemos existir muito bem sem elas, mas só somos exatamente o que nos convém ser depois de havermos nos livrado delas.

[4] Para aclarar ainda mais este assunto, observemos que o fundamento de todo o bem e todo o mal é o *amor que recai sobre certo objeto*; porque quando não se ama o objeto que, como dissemos antes, é o único digno de ser amado – quero dizer Deus – mas às coisas que por seu próprio jaez e natureza são perecíveis, disso seguem necessariamente (posto que o objeto está exposto a tantos acidentes e mesmo à destruição) o ódio, a tristeza, etc., conforme as mudanças no objeto amado. *Ódio*, se alguém lhe tira a coisa amada; *tristeza*, se vem a perdê-la; *honra*, se se apoia sobre o amor-próprio; *apreço* e *gratidão*, se não ama a seu próximo por Deus. Se ao contrário o homem chega a amar a Deus, que é e permanece sempre imutável, então lhe é impossível cair nesse poço das paixões. Por isso, propomos como regra firme e inabalável que Deus é a causa primeira e única de todo o nosso bem, e é quem nos livra de todo o nosso mal.

[5] Finalmente, é necessário observar que somente o amor, etc. são ilimitados, a saber, quanto mais cresce, tanto mais se torna excelente, pois recai sobre um objeto que é infinito e, por isso, pode crescer sempre, o que não ocorre com nenhuma outra coisa. E essa será talvez a matéria de que poderemos extrair no capítulo 23 a demonstração da imortalidade da mente, ao mesmo tempo que demonstraremos como e de que maneira ela pode ser.

[6] Depois de haver falado do que nos indica o terceiro modo ou efeito da crença verdadeira, trataremos do seu quarto e último efeito, que ainda não tínhamos exposto no capítulo IV.

Capítulo XV: do verdadeiro e do falso

[1] Vejamos agora o que o quarto e último efeito da verdadeira crença nos indica sobre o *verdadeiro* e o *falso*. Antes de tudo, definiremos a verdade e a falsidade:

A *verdade* é uma afirmação ou uma negação sobre uma coisa e que concorda com essa mesma coisa.

A *falsidade* é uma afirmação ou uma negação sobre a coisa e que não concorda com essa mesma coisa.

[2] Mas se isso é assim, parecerá então que entre a ideia verdadeira e a ideia falsa não há nenhuma diferença. Com efeito, afirmar ou negar isto ou aquilo são verdadeiros modos de pensar e não têm outra diferença senão que em um caso se concorda com a coisa e no outro não e, portanto, também não se distinguem realmente, mas só por razão. Sendo assim, seria razoável perguntar: qual vantagem tem um com sua verdade e qual prejuízo tem o outro com sua falsidade? E como alguém saberá que sua concepção ou ideia concorda melhor com a coisa do que a do outro? Enfim, de onde vem que um se engane e o outro não?

[3] Eis aqui uma primeira resposta: as coisas claríssimas não somente se dão a conhecer elas mesmas, mas também à falsidade, de modo que seria uma grande tolice perguntar como se toma consciência delas, pois, por serem claríssimas, não pode existir outra clareza pela qual pudessem ser esclarecidas. Com efeito, a verdade se faz clara pela verdade, isto é, por si mesma, mas a falsidade nunca é revelada ou indicada por si mesma. Portanto, quem tem a verdade não pode duvidar de que a tem; por sua vez, quem está mergulhado na falsidade ou no erro

pode opinar [imaginar] que está na verdade; igualmente, quem sonha pode pensar que está desperto; porém quem está desperto jamais pode pensar que sonha.

Pelo que acabamos de dizer, explica-se igualmente, em certo sentido, nossa afirmação de que Deus é a verdade ou de que *a verdade é o próprio Deus*.

[4] Agora, a causa por que um é mais consciente de sua verdade do que o outro, é que a ideia da afirmação (ou negação) concorda totalmente com a natureza da coisa e, por conseguinte, tem mais essência.

[5] Para conceber melhor esse último ponto, é preciso observar que entender (ainda que a palavra tenha outro som) é uma simples ou pura paixão, isto é, que nossa mente é modificada de tal sorte que adquire outros modos de pensar que não tinha antes. Ora, se alguém, por um ato provocado nele pelo objeto inteiro, adquire tais formas ou modos de pensar, então é claro que obtém da forma e da natureza desse objeto uma sensação completamente diferente da de alguém que não tenha tido tantas causas e que assim seja movido a afirmar ou negar por uma ação diferente e menos intensa (pois percebeu em si o objeto por menos ou menores afecções).

[6] Donde se vê a perfeição daquele que está na verdade, em oposição àquele que não está. Visto que um se modifica facilmente, e o outro não, segue-se que um tem mais constância e essência do que o outro. E, assim, dado que os modos de pensar que concordam com a coisa tiveram mais causas, também há neles mais constância e essência; e visto que concordam totalmente com a coisa, é impossível que possam em algum momento ser afetados diferentemente por ela, ou sofrer alguma mudança; tanto mais porque nós vimos antes que a essência de uma coisa é imutável. Nada disso ocorre na falsidade. E, com isso, respondemos suficientemente às perguntas formuladas acima.

Capítulo XVI: da vontade

[1] Sabendo o que são o bem e o mal, a verdade e a falsidade, e também em que consiste o bem-estar da mente de um homem perfeito, agora é tempo de iniciar o exame de nós mesmos, e ver se chegamos a um tal bem-estar livremente ou necessariamente.

Para tanto, é necessário investigar o que é a vontade – para quem a admite – e em que se distingue do desejo.

[2] Dissemos que o desejo é uma inclinação da mente a algo que ela avalia como bom; de onde segue que, antes que nosso desejo se dirija a algo exterior, produz-se em nós uma conclusão de que isso é bom. Essa afirmação, ou, tomado em geral, o poder de afirmar e de negar, se denomina vontade.[81]

[3] Trata-se de ver agora se essa afirmação nos ocorre livremente ou necessariamente, isto é, se afirmamos ou negamos algo de uma coisa sem que uma causa exterior nos obrigue a fazê-lo. Mas já demonstramos que uma coisa que não se explica por si mesma, ou cuja existência não pertence à sua essência, necessariamente deve ter uma causa exterior, e que uma causa que produzirá algo deve produzi-lo necessariamente.

---

[81] A vontade, tomada como afirmação ou conclusão, se distingue da verdadeira crença porque se dirige também ao que não é verdadeiramente bom, porque o convencimento não é tal que se veja com clareza que não pode ser de outra maneira, ao passo que é sempre assim, e deve sê-lo, na crença verdadeira, porque dela não podem nascer senão bons desejos.

Difere também da opinião porque às vezes também pode ser certa e infalível, o que não pode ocorrer na opinião, que consiste em conjectura e suposição.

Portanto poderíamos chamá-la crença porque pode ser certa, e opinião porque está sujeita ao erro.

Assim também deve seguir que querer particularmente isto ou aquilo,[82] afirmar ou negar particularmente isto ou aquilo de uma coisa, tudo isso, digo, deve provir de uma causa exterior; como também, de acordo com a definição que demos de causa, que essa causa não pode ser livre.

[4] É possível que isso não satisfaça àqueles que estão habituados a ocupar seu intelecto mais com *entia rationis* do que com coisas particulares que existem verdadeiramente na Natureza; ao fazê-lo, consideram o *ens rationis* não como tal, mas como um *ens reale*. Com efeito, porque o homem tem ora essa ora aquela vontade, faz um modo universal em sua mente e o denomina vontade, como também a partir deste ou daquele homem faz uma ideia do homem. E porque não distingue bastante os entes reais dos entes de razão, ocorre que considera os entes de razão como coisas que existem verdadeiramente na Natureza, e, assim, põe-se a si mesmo como uma causa de certas coisas, como não é raro ocorrer no tratamento do assunto de que estamos falando. Pois se se pergunta: por que o homem quer isto ou aquilo?, a resposta será: porque tem vontade.[83] Porém, como

---

[82] É certo que o querer particular deve ter uma causa exterior pela qual exista, pois como a existência não pertence à sua essência, então deve existir necessariamente pela existência de outra coisa.

[83] Em outras palavras, a causa eficiente disso não é uma ideia, mas a própria vontade no homem, e o intelecto é uma causa sem a qual a vontade não pode nada; logo, a vontade, considerada indeterminada, e também o intelecto, não são entes de razão mas entes reais. Por minha parte, se os considero com atenção, me parecem universais e não posso atribuir-lhes nada real. Porém, se fossem [entes reais], como os outros afirmam, haveria que confessar que a volição é uma modificação [modificatie] da vontade e as ideias são uma modificação [wyzing] do intelecto; logo, o intelecto e a vontade são necessariamente substâncias diferentes e realmente distintas, pois o que é modificado é a substância, e não o próprio modo. Se dissermos que a mente governa essas duas substâncias, então há uma terceira substância, e tudo isso confunde tanto as coisas que é impossível ter um conceito claro e distinto a respeito. Pois, como a ideia não está na vontade, mas no intelecto, então, segundo a regra de que o modo de uma substância não passa a outra, não pode nascer nenhum amor na vontade, pois seria contraditório que se quisesse algo cuja ideia não está na potência volitiva. Dir-se-á que, devido à sua união com o intelecto, a vontade percebe aquilo que o intelecto entende e, por conseguinte, também ama aquilo. Mas como o perceber é também um conceito e uma ideia confusa, então também será um modo do entender, modo que de acordo com o que precede não pode se encontrar na vontade, ainda que houvesse uma tal união como a da mente com o corpo. Com efeito, mesmo supondo que a mente está unida ao corpo, como ensinam geralmente os filósofos, contudo o corpo nunca sente e nem a mente se torna extensa. Senão,

a vontade, segundo o dissemos, é apenas uma ideia de tal ou qual querer e, portanto, unicamente um modo de pensar, um ente de razão e não um ente real, então nada pode ser causado por ela, *nam ex nihilo nihil fit* [porque nada vem do nada]. Penso também, como já demonstramos, que a vontade não é uma coisa na Natureza, mas uma simples ficção, e não é preciso perguntar se a vontade é livre ou não.

[5] Não afirmo isto somente da vontade em geral, que mostramos ser um modo de pensar, mas de cada querer particular, que consiste, segundo alguns, em afirmar ou em negar. Quem prestar atenção ao que dissemos o verá com muita clareza. Pois dissemos que *o entender é uma pura paixão, isto é, uma percepção, na mente, da essência e da existência das coisas*, de modo que nunca somos nós que afirmamos ou negamos algo da coisa, mas que ela mesma, em nós, afirma ou nega algo de si mesma.

[6] Alguns possivelmente não o concederão, porque lhes parece que podem afirmar ou negar de uma coisa qualquer algo diferente daquilo de que são cônscios a respeito dela, o que provém de que não tenham nenhuma noção do conceito que a mente possui da coisa sem as palavras ou fora delas. É bem verdade (se existem razões que nos incitem a isso) que com palavras ou outros meios podemos dar a conhecer a outro algo sobre a coisa que seja diferente daquilo de que somos cônscios;

---

uma quimera, na qual concebêssemos duas substâncias, poderia se converter em uma coisa una, o que é falso. E se afirmam que a mente governa o intelecto e a vontade, então não concebem coisa nenhuma, pois, ao fazê-lo, parecem negar que a vontade seja livre, o que vai contra a tese deles.

Para concluir, dado que não quero acrescentar tudo que poderia dizer contra a afirmação de uma substância finita criada, apenas mostrarei brevemente que a liberdade da vontade não concorda de maneira nenhuma com uma criação continuada, a saber, na qual se requer em Deus uma mesma ação para conservar no ser e para criar, do contrário as coisas não poderiam subsistir um instante sequer. Se fosse assim, não se poderia atribuir liberdade a nada. É preciso dizer que Deus criou cada coisa como é; pois como a coisa não tem poder para se conservar enquanto existe, tanto menos poderá produzir algo por si mesma. Se se dissesse que a mente produz por si mesma a volição, eu perguntaria com qual força o faz. Não com aquela que foi, porque já não existe mais; nem com aquela que tem agora, porque não tem nenhuma com a qual pudesse existir ou durar pelo mínimo instante, posto que é criada continuamente. Por conseguinte, não havendo nenhuma coisa que tenha força para se conservar ou para produzir algo, a única conclusão possível é que somente Deus é e deve ser causa eficiente de todas as coisas e que todas as volições são determinadas por Ele.

porém nem com palavras, nem com nenhum outro meio poderemos lograr sentir as coisas de maneira diferente de como as sentimos; isso é impossível, o que é claro a todos que, fora do uso das palavras ou de outros signos, dirigiram sua atenção alguma vez somente ao seu intelecto.

[7] Alguns poderiam objetar: se não somos nós que afirmamos ou negamos, mas é somente a coisa que em nós nega ou afirma algo de si mesma, então nada pode ser afirmado ou negado senão aquilo que concorde com a coisa e, por conseguinte, não pode haver falsidade; pois dissemos que a falsidade é afirmar ou negar de uma coisa algo que não concorda com ela, isto é, algo que a coisa não afirma ou nega de si mesma. Porém penso que, prestando muita atenção ao que dissemos da verdade e da falsidade, veremos que já respondemos suficientemente a essa questão. Dissemos, com efeito, que *o objeto é causa do que, verdadeiro ou falso, se afirma ou nega dele; a falsidade consiste então em que, ao percebermos algo que provém do objeto, imaginamos (ainda que tenhamos percebido muito pouco dele) que o objeto em sua totalidade afirma ou nega de si mesmo o que nós percebemos*; é o que ocorre sobretudo às mentes débeis, que, por uma ligeira ação do objeto sobre elas, recebem facilmente um modo ou um ideia, fora da qual não há nelas afirmação nem negação.

[8] Finalmente, ainda se poderia objetar que existem muitas coisas que queremos e não queremos, tal como afirmar ou não afirmar algo sobre uma coisa, dizer a verdade e não dizê-la, etc. Mas isso ocorre porque não se distingue suficientemente o desejo e a vontade; pois a vontade – para quem a admite – é somente a ação do intelecto pela qual afirmamos ou negamos algo de uma coisa, sem ter em conta o bom ou o mau; pelo contrário, o desejo é uma forma [disposição] na mente para perseguir ou realizar uma coisa, tendo em conta o bom e o mau que se veem nela. De maneira que o desejo ainda permanece depois da afirmação ou negação que fizemos da coisa, isto é, depois de termos experimentado e afirmado que uma coisa é boa; este último, conforme dizem, é a vontade, e o desejo é a inclinação que se tem depois disso para alcançar a coisa. Logo, na própria linguagem dos que assim pensam, a vontade bem pode existir sem o desejo, porém não o desejo sem a vontade, que deve precedê-lo.

[9] Todos os atos de que falamos mais acima (como são feitos pela razão sob a aparência do bom, e evitados pela razão sob a aparência do mau) podem ser incluídos unicamente entre as inclinações a que chamamos *desejos*, e apenas muito impropriamente sob a denominação de *vontade*.

Capítulo XVII: da diferença entre a vontade e o desejo

[1] Como é evidente que não temos nenhuma vontade para afirmar ou negar, vejamos agora a diferença correta e verdadeira entre a *vontade* e o *desejo*, ou o que pode ser propriamente a vontade, denominada *voluntas* pelos latinos.

[2] De acordo com a definição de Aristóteles, o desejo parece ser um gênero que compreende sob si duas espécies; pois o autor diz que a vontade é o apetite ou a atração que se tem sob a aparência do bem. Donde me parece que, a seu entender, o *desejo* (ou *cupiditas*) compreende todas as inclinações, sejam ao bem ou ao mal. Mas se a inclinação é somente ao bem, ou o homem que tem tal inclinação a tem sob a aparência do bem, ele a chama *Voluntas* ou boa *vontade*, mas se é ao mal, isto é, se vemos em um outro uma inclinação a algo mau, ele a chama *Voluptas* ou má *vontade*, de sorte que a inclinação da mente não é para afirmar ou negar algo, mas somente para alcançar algo sob a aparência do bem e fugir de algo sob a aparência do mal.

[3] Resta investigar agora se esse *desejo* é livre ou não. Depois de termos dito que *o desejo depende do conceito das coisas e que o entender deve ter uma causa exterior*, além do que dissemos sobre a vontade, resta ainda mostrar que o desejo não é livre.

[4] Embora muitos vejam que o conhecimento que o homem tem das diferentes coisas é um meio pelo qual seu apetite ou atração passam de uma coisa à outra, todavia não observam o que pode atrair assim o apetite de uma à outra.

Para mostrar que essa inclinação em nós não é livre, imaginemos (visando pôr vivamente diante dos olhos o que é passar e ser atraído de uma coisa à outra) uma criança que acaba de perceber uma coisa pela primeira vez. Por exemplo, mostro-lhe uma campainha que produz em seu ouvido um som agradável, pelo qual ela adquire o apetite desse objeto. Vê agora se ela poderia se abster de adquirir esse apetite ou desejo? Se responderes afirmativamente, pergunto: como e por que causa? Certamente não através de algo que conheça melhor, pois isso é tudo que ela conhece. Tampouco porque lhe pareça mau, pois não conhece nada outro e o prazer que encontra nele é o maior que já experimentou. Mas talvez tenha a liberdade de afastar de si mesma o apetite que tem. Daí seguiria que esse apetite bem poderia começar em nós sem nossa liberdade, porém teríamos em nós a liberdade de afastá-lo de nós. Contudo essa liberdade não resiste à prova. Pois o que é que poderia destruir esse apetite? O próprio apetite? Seguramente não, pois não existe nada que por sua própria natureza procure a sua própria ruína. Enfim, o que é que poderia desviar a criança do apetite? Certamente nada, salvo se de acordo com a ordem e o curso da Natureza, ela for afetada por algo que lhe seja mais agradável que o primeiro objeto.

[5] Por conseguinte, *como dissemos, ao tratar da vontade, que a vontade não é no homem outra coisa que esta ou aquela vontade, igualmente [o desejo] não é nele outra coisa que este ou aquele desejo, causado por este ou aquele conceito. Pois o desejo não é algo que esteja realmente na Natureza, mas é somente abstraído deste ou daquele desejar particular. Não sendo verdadeiramente algo, o Desejo também não pode causar realmente.* De modo que, quando afirmamos que o desejo é livre, é o mesmo que se disséssemos que este ou aquele desejo é causa de si mesmo, isto é, que antes de existir fez que existisse, o que é o próprio absurdo e não pode ocorrer.

Capítulo XVIII: das utilidades do que precede

[1] Assim vemos que o homem, como parte da Natureza inteira, da qual depende e pela qual também é governado, não pode fazer nada por si mesmo para sua salvação e seu bem-estar. Vejamos agora quais são as maiores utilidades que podem nos aportar as nossas proposições; tanto mais que, sem nenhuma dúvida, a alguns elas parecerão não pouco chocantes.

[2] Antes de tudo, daí segue que somos verdadeiramente servidores, e mesmo escravos de Deus, e que nossa maior perfeição é sê-lo necessariamente. Pois se fôssemos deixados a nós mesmos, e não na dependência de Deus, poderíamos realizar muito pouco, ou mesmo nada; e a justo título tiraríamos disso uma causa de entristecimento. Todo o contrário é o que vemos agora, a saber, que dependemos do perfeitíssimo de tal maneira que somos como uma parte do todo, isto é, *Dele* mesmo; e, por assim dizer, contribuímos em certa medida para a realização de tantas obras habilmente ordenadas e perfeitas que dependem dele.

[3] Em segundo lugar, esse conhecimento também faz com que, depois de termos realizado algo excelente, não nos ensoberbeçamos por isso (essa soberba é causa de que, pensando que somos algo grandioso e que não precisamos de nada mais, permaneçamos no ponto em que estamos, o que vai diretamente contra nossa perfeição, que consiste em devermos nos esforçar sempre por avançar mais e mais); mas que, pelo contrário, atribuamos tudo o que fazemos a Deus, que é a causa primeira e única de tudo o que realizamos e executamos.

[4] Em terceiro lugar, além do verdadeiro amor ao próximo que este conhecimento nos traz, ele nos dispõe de modo que jamais o odiemos nem nos encolerizemos contra ele, e, pelo contrário, sejamos inclinados a ajudá-lo e a melhorar sua situação. E todas essas ações são de homens que possuem uma grande perfeição ou essência.

[5] Em quarto lugar, esse conhecimento serve também para a promoção do bem comum; pois graças a ele um juiz jamais poderá ser mais favorável a uma parte do que a outra; e, sendo necessário castigar a um e recompensar a outro, o fará com o propósito de ajudar e melhorar tanto a um como a outro.

[6] Em quinto lugar, esse conhecimento nos livra da tristeza, do desespero, da inveja, do pavor e de outras más paixões que, como assinalaremos mais adiante, são elas mesmas o verdadeiro inferno.

[7] Em sexto lugar, por fim, esse conhecimento nos leva também a não temer a Deus, como outros temem que o Demônio, que eles mesmos fingiram, possa lhes fazer algum mal. Como poderíamos temer a Deus, que é o próprio sumo bem, pelo qual todas as coisas que têm alguma essência são o que são, incluindo a nós que vivemos nele?

[8] Ademais, esse conhecimento nos leva a atribuir tudo a Deus e a amar só a Ele porque é sumamente magnífico e perfeito, e assim lhe oferecemos totalmente a nós mesmos; pois nisso consiste propriamente *a verdadeira religião, assim como nossa salvação eterna e felicidade*. Pois a perfeição única e o fim último de um escravo e de um instrumento consiste em cumprir devidamente o serviço que se lhes impõe. Por exemplo, se um carpinteiro, na execução de sua tarefa, está bem servido por seu machado, por isso mesmo esse machado alcançou seu fim e sua perfeição. Porém, se ele pensasse: esse machado já me serviu tão bem que agora quero deixá-lo repousar e não usá-lo mais, então ele se separaria de seu fim e não seria mais um machado.

[9] Assim também, o homem, enquanto é uma parte da Natureza, deve seguir as leis da Natureza, o que é a religião; e enquanto o faz, ele permanece em seu bem-estar. Mas se Deus (por assim dizer) quisesse que o homem não lhe servisse mais, seria como se o privasse de seu bem-estar e o destruísse, pois tudo o que ele é consiste em servir a Deus.

Capítulo XIX: da nossa felicidade, etc.

[1] Tendo visto as utilidades da verdadeira crença, agora procuraremos cumprir a promessa que fizemos antes: averiguar *se com o conhecimento que já adquirimos (sobre o que é bem e o que é mal, o que é a verdade e o que é a falsidade, e qual é, em geral, a utilidade de tudo isso), se por esse caminho, digo, podemos alcançar nosso bem-estar, a saber, o amor de Deus* (que observamos ser nossa suma felicidade), e também como nos podemos livrar das paixões que julgamos más.

[2] Para tratar antes de tudo deste último ponto, como *se livrar das paixões*, digo que, se supomos que elas não têm outras causas além das que estabelecemos e se fazemos bom uso de nosso intelecto — e podemos lográ-lo muito facilmente,[84] visto que possuímos uma medida da verdade e da falsidade — jamais sucumbiremos às paixões.

[3] Porém agora temos de demonstrar que essas paixões não possuem outras causas. Para tanto, me parece que é preciso examinar-nos por inteiro, tanto a respeito do corpo como do espírito; e antes de tudo, teremos que demonstrar que na Natureza há um corpo por cuja forma e efeitos somos afetados de maneira que o percebamos. E o faremos porque, se chegarmos a ver os efeitos do corpo e o que eles podem causar, descobriremos também a causa primeira e principal de todas essas paixões, e simultaneamente o

---

[84] *Podemos lográ-lo muito facilmente.* Entenda-se: se temos um conhecimento profundo do *bem* e do *mal*, da *verdade* e da *falsidade*, porque nesse caso é impossível que sigamos submetidos àquilo de que nascem as paixões. Se conhecemos o melhor e dele gozamos, o pior não tem poder sobre nós.

que poderá destruí-las. Isso nos permitirá ver igualmente se é possível fazê-lo pela razão. E então continuaremos a falar de nosso amor a Deus.

[4] Não nos será difícil mostrar que existe um *corpo* na *Natureza*, pois já sabemos *que Deus é [existe] e o que Deus é*. Nós o definimos como *um ser de infinitos atributos, cada um dos quais é infinito e perfeito*. Considerando que a extensão é um atributo que mostramos ser infinito em seu gênero, então deve ser também necessariamente um atributo deste *ser infinito*. E como já demonstramos que *esse ser infinito é existente*, daí segue que esse atributo também *é existente*.

[5] Ademais, como mostramos que fora da Natureza, que é infinita, não há e não pode haver mais nenhum ser, é claramente manifesto que esse efeito do corpo pelo qual percebemos não pode provir senão da própria extensão, e de maneira nenhuma de outra coisa que possua a extensão *eminentemente* (como querem alguns). Pois, como já demonstramos em nosso primeiro capítulo, essa coisa não existe.

[6] Por conseguinte, resta observar que todos os *efeitos* que vemos depender necessariamente da *extensão*, como o *movimento* e o *repouso*, devem ser referidos a esse atributo. Pois se essa força de produzir efeitos não estivesse na *Natureza*, seria impossível que existissem (ainda que na Natureza pudesse haver muitos outros atributos). De fato, *se uma coisa produzirá um efeito, deve haver nela algum ser pelo qual ela, e não uma outra, possa produzir tal efeito*. O que aqui dissemos da *extensão* é igualmente válido para o *pensamento* e para *tudo o que existe*.

[7] Cabe ainda observar que em nós *não pode haver nada* de que não tenhamos a possibilidade de ser cônscios; de sorte que, se em nós não descobrimos nada mais que os efeitos da coisa pensante e os da extensão, então podemos afirmar com certeza que não existe nada mais em nós. Para entender claramente os efeitos desses dois atributos, os consideraremos em separado, logo a seguir em conjunto, e faremos o mesmo com os efeitos de um e de outro.

[8] Assim, quando consideramos somente a *extensão*, não percebemos nela mais que *movimento* e *repouso*, a partir dos quais encontramos todos os efeitos que provêm dela. Esses dois *modos*[85] estão no corpo de

---

[85] Dois modos: porque o repouso não é um nada.

tal maneira que nada senão eles mesmos pode alterá-los. Por exemplo, quando uma pedra está imóvel, é impossível que a ponha em movimento a força do pensamento ou qualquer outra coisa que não o movimento, como quando uma outra pedra, tendo um movimento maior que o repouso da primeira, a faz mover-se. Igualmente, a pedra que se move não chegará ao repouso senão por alguma outra coisa que um movimento menor. De onde segue que nenhum modo de pensar pode produzir movimento nem repouso no corpo.

[9] Porém, conforme o que percebemos em nós mesmos, pode ocorrer que um corpo tendo um movimento para um lado venha a mover-se para outro; como quando estendo meu braço, isso conduz a que os espíritos animais, que ainda não tinham tal movimento, agora o tenham nessa direção. Isso não acontece sempre, mas segundo a forma dos espíritos, como demonstrarei mais adiante. A causa disso não é nem pode ser outra senão que a mente, sendo uma ideia deste corpo, lhe está unida de tal maneira que ela e o corpo assim constituído fazem juntos um todo.

[10] O principal efeito do outro atributo é um *conceito das coisas*, de modo que, conforme as compreende, daí vêm o *amor* ou o *ódio*, etc. Esse efeito, por não trazer em si nenhuma extensão, não pode ser atribuído a ela, mas unicamente ao pensamento; de sorte que não se deve buscar na extensão a causa de todas as mudanças que nascem desta maneira, mas unicamente na coisa pensante. É o que podemos ver no amor: sendo destruído ou despertado, isso deve ser causado pelo próprio conceito, o que, como já dissemos, ocorre porque concebemos algo de mau no objeto ou algo melhor do que ele.

[11] Assim, quando esses atributos vêm a agir um sobre o outro, resulta disso uma paixão produzida em um pelo outro por meio da determinação do movimento cuja direção podemos modificar para onde quisermos. Por conseguinte, os efeitos pelos quais um atributo padece pelo outro são os seguintes: como já dissemos, a mente e o corpo[86] podem

---

[86] Apesar de seguir o estabelecimento de texto de Filippo Mignini, discordamos da correção feita por ele nesta parte do manuscrito (ao subtituir a frase "ziele **en** het lighaam" por "ziele **in** het lighaam", alterando o sentido da frase), assim como a

fazer com que os espíritos que se moviam para um lado se movam agora para o outro; porém, como esses espíritos também podem ser movidos e determinados por causa do corpo, pode ocorrer amiúde que, tendo um movimento em uma direção por causa do corpo, e simultaneamente em outra por causa da mente, isso produza e cause em nós angústias como a que por vezes percebemos em nós sem que saibamos a razão disso. Senão, as razões nos são habitualmente bem conhecidas.

[12] Ademais, a mente também pode se ver coibida em seu poder de mover os espíritos animais, seja porque o movimento dos espíritos está excessivamente diminuído, seja porque está excessivamente aumentado. *Diminuído*: como quando, tendo corrido muito, somos causa de que os espíritos, dando ao corpo, devido à corrida, muito mais movimentos do que o habitual e os perdendo, necessariamente sejam enfraquecidos na mesma medida; o que também pode ocorrer quando não se absorve a quantidade suficiente de alimento. *Aumentado*: como quando, tendo bebido demasiado vinho ou outra bebida forte e, por isso, ficado alegres ou bêbados, fazemos com que a mente já não tenha nenhum poder para dirigir o corpo.

[13] Depois de haver falado das ações da mente no corpo, vejamos agora as do corpo na mente. Sustentamos que a principal dessas é que o corpo se faz perceber pela mente, e também dessa maneira a outros corpos; o que não tem outra causa além do movimento e do repouso em conjunto, porque no corpo não há, senão estas, outras coisas pelas quais ele poderia agir. De modo que nada do que ocorre na mente, à parte essas percepções, pode ser causado pelo corpo.

[14] E porque o primeiro que a mente vem a conhecer é o corpo, daí provém que a mente o ame tanto e lhe seja unida. Porém, como já dissemos anteriormente que a causa do amor, do ódio e da tristeza não

---

reordenação dos parágrafos por ele sugerida neste capítulo. Segundo Atilano Domínguez, 1990, n.199, p. 249: *No parágrafo 11, lemos "a mente e o corpo" ("de ziele en het lighaam"), tal como dizem os manuscritos A e B, e não "a mente no corpo (Mignini e Curley)". Por isso mesmo tampouco cremos necessário alterar a ordem dos parágrafos (9, 12, 10, 11, 13), com a qual se quer achar um sentido para a expressão "outro atributo" (no começo de 10). Em nossa opinião, ambas as mudanças estão relacionadas uma com a outra, e nenhuma é necessária.* (N.T.)

deve se buscar no corpo, mas unicamente na mente – porque todas as ações do corpo devem provir unicamente do movimento e do repouso – e como vemos clara e distintamente que um amor não pode desaparecer senão pelo conceito, por nós adquirido, de uma coisa melhor, *daí segue claramente que se chegamos a conhecer a Deus por um conhecimento ao menos tão claro como o que temos do nosso corpo, então devemos ser unidos a ele mais estreitamente do que com nosso corpo, e como que nos apartar deste último.* Digo *mais estreitamente,* porque já demonstramos que sem Deus não podemos existir nem ser entendidos, visto que o conhecemos e devemos conhecê-lo não por alguma outra coisa (como com todo o resto), mas só por Ele mesmo. De fato, nós o conhecemos melhor do que a nós mesmos, porque sem Ele de nenhum modo podemos nos conhecer.

[15] Do que dissemos até aqui, é fácil deduzir as principais causas das paixões; pois, no que concerne ao corpo e seus efeitos, *o movimento e o repouso,* eles não podem agir sobre a mente senão fazendo-se conhecer a si mesmos como objetos; e conforme a aparência que mantêm, sejam de bem ou de mal,[87] a mente também é afetada por eles, porém não enquanto são corpo (pois então o corpo seria a causa principal das paixões), mas enquanto um objeto similar às demais coisas que produziriam os mesmos efeitos se aparecessem à mente da mesma maneira.

[16] (Não quero dizer com isso que o *amor,* o *ódio* e a *tristeza* que provêm da contemplação das coisas incorpóreas produziriam os mesmos efeitos que os que nascem da contemplação das coisas corpóreas. Os primeiros, como demonstraremos em seguida, terão ainda outros efeitos,

---

[87] De onde vem que conheçamos uma coisa como boa e outra como má? Resposta: como são os objetos que fazem com que os percebamos, então somos afetados por uns diferentemente de outros. Portanto, aqueles que nos movem mais mesuradamente (conforme a proporção de movimento e repouso que os constitui), são os mais agradáveis para nós, e quanto mais se afastam da medida, tanto mais são desagradáveis. Assim nascem as diversas espécies de sensações [gevoel] que percebemos em nós, os quais agem sobre o nosso corpo frequentemente por objetos corporais, [sensações] que denominamos *impulsus.* Como quando podemos fazer rir e exaltar-se um homem triste fazendo-lhe cócegas, fazendo-o tomar vinho, etc., o que a mente percebe mas não produz. Quando a mente atua, a exaltação é verdadeira e de outra espécie, pois não é um corpo atuando sobre um corpo, mas a mente inteligente utilizando o corpo como instrumento e, por conseguinte, tanto mais age a mente, tanto mais perfeito é o sentimento [gevoel].

conforme a natureza da coisa cuja compreensão desperta o amor, o ódio, a tristeza, etc. na mente que contempla as coisas incorpóreas.)

[17] Para voltar ao que dizíamos antes, se vem a aparecer à mente algo mais magnífico do que o corpo, é certo que este já não poderá ter nenhuma capacidade para causar efeitos tal como agora o faz. Daí segue[88] não somente que o corpo não é a causa principal das paixões, mas que, ainda que existisse em nós algo outro, ademais do que já observamos, e que pudesse causar em nós as paixões das quais falamos, essa outra coisa, se existisse, não poderia agir sobre a mente nem mais nem diferentemente do que o que atualmente o corpo faz. Pois essa outra coisa não poderia ser senão um objeto que fosse totalmente diverso da mente e que, por conseguinte, se apresentaria também dessa maneira e não de outra, tal como dissemos do corpo.

[18] Assim, podemos concluir com verdade que o *amor*, o *ódio*, a *tristeza* e as restantes paixões são causadas na mente de diferentes maneiras, de acordo com a natureza do conhecimento que ela vem a ter de cada coisa. Se, portanto, a mente pode chegar a conhecer o sumamente magnífico, será impossível que alguma dessas paixões cause nela a menor perturbação.

---

[88] Não é preciso que somente o corpo seja posto como causa principal das paixões, mas qualquer outra substância que viesse a existir poderia causá-las, e não diferentes nem mais; pois esta [substância] não poderia diferir (diferença de objetos da qual nasce a mudança na mente) mais do que essas [mente e corpo] diferem de ponta a ponta.

Capítulo XX: confirmação do anterior

[1] Do que dissemos no capítulo anterior, seria possível objetar as seguintes dificuldades: a) se o movimento não é a causa das paixões, como é possível que logremos expulsar a tristeza mediante certos procedimentos, como com o vinho?

[2] A isso é preciso responder que se deve distinguir a percepção da mente quando ela primeiro percebe o corpo, do juízo a que ela chega instantaneamente de que isto é bom ou mau para ela. Estando a mente disposta mediatamente, tal como dito, já apontamos que tem o poder de mover para onde quer os espíritos animais; porém igualmente pode ser-lhe retirado esse poder quando essa sua forma assim disposta é retirada ou alterada por outras causas que provêm do corpo em geral. E, percebendo nela essa mudança, nasce uma tristeza conforme a alteração que os espíritos receberam; tristeza[89] causada pelo amor e pela união que a mente tem com o corpo. Isso pode ser facilmente deduzido do fato de que se pode remediar a tristeza de duas maneiras: 1) pelo restabelecimento dos espíritos animais em sua primeira forma, isto é, libertando-o da dor, e 2) convencendo-se por boas razões a não

---

[89] A tristeza é causada no homem por uma opinião de que lhe ocorre algo mau, a saber, a perda de um bem. Quando isso é compreendido, de tal concepção resulta que os espíritos animais se movem ao redor do coração e com a ajuda de outras partes o comprimem e o contraem (o que é precisamente o contrário do que ocorre na alegria). A mente percebe por sua vez essa compressão, o que é doloroso. Agora, que fazem aqui os medicamentos ou o vinho? Com sua ação afastam do coração os espíritos animais e de novo lhe dão espaço. Quando a mente o percebe, experimenta um alívio, que consiste em que a opinião do mal é desviada pela nova proporção de movimento e repouso causada pelo vinho, e recai sobre alguma outra, na qual o intelecto acha mais satisfação. Porém isso não pode ser um efeito direto do vinho sobre a mente; é somente um efeito do vinho sobre os espíritos animais.

se inquietar deste corpo; a primeira é temporária e sujeita a recaída, a segunda é eterna, constante e inalterável.

[3] b) a segunda objeção poderia ser esta:

Como vemos que a mente, embora nada tenha em comum com o corpo, pode fazer[90] que os espíritos animais, que se moveriam em certa direção, se movam agora em outra; por que não poderia também fazer que um corpo completamente imóvel se pusesse em movimento? Ademais, por que não poderia mover para onde quisesse todos os demais corpos que já têm movimento?

---

[90] *Não há nenhuma dificuldade em que este modo, que se distingue infinitamente do outro, atue sobre o outro, porque o faz como parte do todo, já que a mente nunca foi sem corpo nem o corpo sem mente.*

O que desenvolvemos do modo seguinte:

1) existe um ser perfeito; 2) não podem existir duas substâncias; 3) nenhuma substância pode ter começo; 4) cada [atributo] é infinito em seu gênero; 5) deve haver também um atributo do pensamento; 6) não existe nada na Natureza de que não exista na coisa pensante uma ideia, proveniente de sua essência e de sua existência em conjunto; 7) agora o seguinte:

8) dado que a essência, sem a existência, é concebida entre as significações das coisas, então a ideia da essência não pode ser considerada como algo particular. Isso só pode ocorrer quando há existência junto com a essência, porque então existe um objeto que não existia antes. Quando a parede, por exemplo, é toda branca, não há nela nem isto nem aquilo, etc.

9) essa ideia, portanto, considerada à parte de todas as outras ideias, não pode ser mais que uma ideia de tal coisa, e não que tenha uma ideia de tal coisa. Com efeito, uma ideia considerada dessa maneira, visto que é apenas uma parte, não pode ter de si mesma e de seu objeto nenhum conceito claro e distinto; o que é possível somente para a coisa pensante, que é sozinha a Natureza inteira. Pois uma parte considerada fora do seu todo não pode etc.

10) entre a ideia e o objeto deve haver necessariamente uma união, pois um não pode existir sem o outro. Não há nenhuma coisa cuja ideia não esteja na coisa pensante, e não pode existir nenhuma ideia sem que a coisa também exista. Ademais, o objeto não pode ser alterado sem que a ideia também o seja, e vice-versa, de maneira que não há necessidade de nenhum terceiro para causar a união da mente com o corpo. Porém cumpre observar que falamos das ideias que nascem necessariamente em Deus da existência das coisas junto com a essência, e não das ideias que as coisas agora existentes nos mostram e produzem em nós. Estas últimas diferem muito das anteriores, porque em Deus as ideias não nascem, como em nós, de um ou mais dos sentidos, que por isso as afetam quase sempre apenas imperfeitamente, mas [elas nascem] da existência e da essência conforme o que são. Embora minha ideia não seja a sua, uma e a mesma coisa as produz em nós.

[4] Porém recordemos o que já dissemos da coisa pensante, e poderemos afastar assaz facilmente essa dificuldade. Dissemos que *a Natureza, embora tenha diversos atributos, é contudo um só ser, do qual são afirmados todos esses atributos*. A isso acrescentamos que *a coisa pensante também era única na Natureza, e que se expressa em infinitas ideias, conforme as infinitas coisas que há na Natureza.*

Pois se o corpo recebe um tal modo, por exemplo o corpo de Pedro, e logo outro, por exemplo o corpo de Paulo, daí decorre que na *coisa pensante* há duas ideias diferentes: uma ideia do corpo de Pedro que faz a mente de Pedro, e uma ideia do corpo de Paulo que faz a mente de Paulo. Logo, a coisa pensante pode mover o corpo de Pedro pela ideia do corpo de Pedro, porém não pela ideia do corpo de Paulo; assim, a mente de Paulo pode mover seu próprio corpo, porém de maneira nenhuma o corpo de outro, por exemplo o de Pedro.[91]

Essa é a razão por que ela também não pode mover uma pedra que esteja em repouso ou imóvel, pois a pedra, por sua vez, faz uma outra ideia na mente. E, por isso, não é menos claramente impossível que um corpo que está em completo repouso possa ser posto em movimento por algum modo de pensamento, pelas razões já anunciadas.

[5] A terceira objeção seria esta: parece-nos que podemos ver claramente que podemos causar algum repouso no corpo. Pois, depois de haver movido por bastante tempo nossos espíritos animais, sentimos que estamos fatigados, o que não é outra coisa senão um repouso que provocamos nos espíritos animais.

[6] Respondemos que é verdade que a mente é a causa desse repouso, porém só indiretamente; pois não provoca o repouso imediatamente no movimento, mas só por outros corpos que tenha movido, e que então necessariamente deveram perder tanto repouso quanto comunicaram aos espíritos. Por conseguinte, é evidente que existe na Natureza uma só e mesma espécie de movimento.

---

[91] É claro que no homem, porque teve começo, não se pode encontrar outro atributo além dos que já estavam na Natureza antes. E como consiste em um corpo, do qual deve dar-se necessariamente uma ideia na coisa pensante, e como essa ideia deve estar necessariamente unida ao corpo, afirmamos com confiança que sua mente não é mais que essa ideia do seu corpo na coisa pensante. Como o corpo tem movimento e repouso (que têm certa proporção e são ordinariamente alterados pelos objetos externos), e como não pode ocorrer no objeto nenhuma alteração sem que se produza realmente o mesmo na ideia, daí provém que os homens sintam (*Idea reflexiva*). Digo: *como tem certa proporção de movimento e repouso*, posto que não pode haver nenhum efeito no corpo sem o concurso de um e outro.

Capítulo XXI: da razão

[1] Devemos examinar agora por que às vezes, embora vejamos que uma coisa é boa ou má, não encontramos em nós nenhum poder para fazer o bem ou evitar o mal; e contudo às vezes encontramos.

[2] Isso é facilmente concebível se prestamos atenção às causas que indicamos para as opiniões, as quais dissemos ser, por sua vez, as causas de todos os sentimentos. As opiniões, dizíamos, são ou *por ouvir dizer ou por experiência*. E porque tudo que experimentamos em nós mesmos tem mais poder sobre nós do que o que nos vem de fora, daí segue que a razão bem pode ser causa da destruição das opiniões[92] que temos somente por ouvir dizer (e isso porque a razão não nos veio de fora), porém não das opiniões que temos por experiência.

---

[92] Seria o mesmo empregar aqui a palavra *opinião* ou a palavra *paixão*; e, assim, é claro por que não podemos vencer com a razão as que estão em nós por experiência: é porque não são em nós nada outro senão um gozo ou uma união imediata com algo que julgamos bom. Ainda que a razão nos indique o que é melhor, não nos faz gozá-lo. Ora, aquilo de que gozamos em nós mesmos não pode ser vencido por algo de que não gozamos, e que se encontra fora de nós, como é o que nos mostra a razão. Para vencê-lo, deve haver algo mais poderoso, tal como um gozo ou união com algo cujo conhecimento e gozo sejam melhores do que o primeiro, e neste caso a vitória é sempre necessária. Ou também pelo gozo de um mal que reconhecemos que é maior que o bem de que se gozou e do qual aquele mal segue imediatamente. Mas que este mal nem sempre segue necessariamente, nos ensina a experiência, pois etc. Ver p. 101 e 129 (capítulo V, parágrafos 3-4 da parte 2, e capítulo XIX, parágrafos 1-2 também da parte 2).

[3] Porque a potência que a própria coisa nos dá é sempre maior do que a que recebemos das consequências de uma segunda coisa, distinção que observamos ao falar do raciocínio e do entendimento claro, por meio do exemplo da regra de três. Pois há mais potência em nós por entender a própria proporção do que por entender a regra da proporcionalidade. Por isso dissemos tão amiúde que um amor é aniquilado por um amor maior: de modo algum quisemos nos referir ao desejo que nasce do raciocínio.

Capítulo XXII: do conhecimento verdadeiro, do renascimento, etc.

[1] Como a razão[93] não tem nenhum poder para nos conduzir a nosso bem-estar, resta examinar se podemos alcançá-lo pelo quarto e último modo de conhecimento. Dissemos que esse modo de conhecimento não provém de outra coisa, mas de uma apresentação imediata do próprio objeto ao intelecto; e se esse objeto é magnífico e bom, a mente estará necessariamente unida a ele, tal como dissemos de nosso corpo.

[2] Daí segue irrefutavelmente *que o conhecimento é o que causa o amor*, de sorte que, se chegamos a conhecer a Deus desse modo, necessariamente devemos nos unir a Ele (pois ele não pode se apresentar nem ser conhecido por nós senão como sumamente magnífico e bom). E somente nessa união consiste a nossa felicidade, como já dissemos.

Não digo que devamos conhecê-lo como é, porém nos basta, para estarmos unidos a Ele, que o conheçamos de alguma maneira; pois também o conhecimento que temos do corpo não significa que o conheçamos tal qual ele é, ou perfeitamente; e, contudo, que união! Que amor!

---

[93] Todas as paixões que são contrárias à boa razão nascem, como já apontamos, da opinião, e o que nelas é bom ou mau nos é indicado pela verdadeira crença, porém nenhum desses dois modos tem o poder de nos livrar delas.

Somente o terceiro modo, o conhecimento verdadeiro, pode nos livrar delas. Sem esse conhecimento nunca poderemos nos livrar delas, como mostraremos a seguir. Não será disso que os outros tanto falam e escrevem, usando outras palavras? Quem deixará de ver quão corretamente podemos entender, por opinião, o pecado, por crença, a lei que indica o pecado, e por conhecimento verdadeiro, a graça que nos livra do pecado?

[3] Que o quarto conhecimento, *o qual é o conhecimento de Deus*, não provém de outra coisa, mas é imediato, é algo que decorre com evidência do que já demonstramos, isto é, *que ele é a causa de todo o conhecimento, que somente é conhecido por si mesmo e não por nenhuma outra coisa*, de onde também segue que nós *estamos por natureza unidos a ele de tal maneira que sem ele não podemos existir nem ser entendidos*. E, posto que entre Deus e nós há uma união tão estreita, é evidente que *não podemos entendê-lo senão imediatamente*.

[4] Trataremos agora de aclarar essa união que por natureza e por amor temos com Deus.

Dissemos antes que na Natureza não pode haver nada de que não haja uma ideia na mente,[94] e conforme a coisa seja mais ou menos perfeita, será também mais ou menos perfeita a união dessa ideia com a coisa ou com Deus, bem como seus efeitos.

[5] Pois como a Natureza inteira é uma só substância de essência infinita, todas as coisas são unidas pela natureza, e unidas em uma só, a saber, Deus. E visto que o corpo é o primeiríssimo que nossa mente percebe (porque já dissemos que não pode existir nada na Natureza cuja ideia não esteja na coisa pensante, ideia que é a mente de tal coisa), esta coisa deve ser necessariamente a causa primeira da ideia.[95] Mas porque essa ideia não pode achar repouso no conhecimento do corpo sem passar ao conhecimento daquilo sem o qual nem o corpo nem a própria ideia poderiam existir ou ser entendidos; por isso a ideia também é de imediato unida àquilo (depois de havê-lo conhecido) por amor.

[6] Esta união é mais bem concebida, e se deduzirá o que ela deve ser, a partir de sua ação com o corpo, na qual vemos, pelo conhecimento e pelos sentimentos relativos às coisas corpóreas, como vêm a nascer em

---

[94] Com isso se explica ao mesmo tempo o que dissemos na primeira parte: o intelecto infinito, a que chamamos *Filho de Deus*, deve existir desde toda a eternidade na Natureza. Pois como Deus existiu desde toda a eternidade, também sua ideia deve estar na coisa pensante, isto é, nele mesmo, desde toda a eternidade, e essa ideia concorda objetivamente com ele.

[95] Isto é, nossa mente, sendo uma ideia do corpo, tem dele o seu primeiro ser; pois ela é apenas uma representação do corpo, tanto por inteiro como em particular, na coisa pensante.

nós todos os efeitos que percebemos continuamente em nosso corpo e pelo movimento dos espíritos animais. E, portanto, (se nosso conhecimento e nosso amor recaem sobre aquilo sem o qual não poderíamos nem existir nem ser entendidos, e que de maneira nenhuma é corpóreo) os efeitos nascidos de tal união serão e deverão ser incomparavelmente maiores e magníficos, porque devem necessariamente se estabelecer conforme a coisa à qual a ideia está unida.

[7] E quando percebemos esses efeitos, podemos dizer com verdade que *renascemos*; pois nosso primeiro nascimento ocorreu quando nos unimos ao corpo, pelo que surgiram tais efeitos e o movimento dos espíritos animais; porém este nosso outro ou segundo nascimento ocorrerá quando percebermos em nós efeitos totalmente outros do amor estabelecido conforme o conhecimento desse objeto incorpóreo; efeitos que diferem dos primeiros tanto como o corpóreo do incorpóreo e o espírito da carne. Portanto podemos com tanto mais direito e verdade chamar a isso renascimento, visto que somente desse amor e dessa união segue uma *estabilidade eterna e inalterável*, como o demonstraremos.

Capítulo XXIII: da imortalidade da mente

[1] Quando observarmos com atenção o que é a mente, e de onde nascem sua mudança e sua duração, veremos facilmente se é mortal ou imortal. Dissemos que a mente é *uma ideia* que está na coisa pensante e que nasce da existência de uma coisa que está na Natureza. Daí segue que a mudança e a duração da mente devem ser conformes à mudança e à duração da coisa. Ademais, observamos que a mente pode estar unida ou *ao corpo* do qual é a ideia, ou *a Deus*, sem o qual não pode existir nem ser entendida.

[2] A partir disso, pode-se ver facilmente que: (1) que se a mente está unida unicamente ao corpo e esse corpo vem a perecer, ela também deve perecer; pois se está privada do corpo que é fundamento do seu amor, também deve desaparecer com ele. Porém, 2) se a mente está unida a outra coisa que é e permanece imutável, então deverá, ao contrário, também permanecer imutável. Pois por que meio seria possível que pudesse desaparecer? Não por si mesma, pois assim como não pôde começar a ser, quando ainda não era, tampouco pode mudar ou desaparecer, agora que é. De maneira que somente aquilo que é a causa da existência dela deve também (se ela vem a desaparecer) ser a causa de sua não existência, porque aquilo mesmo terá mudado e se aniquilado.

Capítulo XXIV: do amor de Deus pelo homem

[1] Até aqui estimamos ter mostrado suficientemente o que é nosso amor por Deus e seu efeito, a saber, nossa duração eterna. Portanto, não estimamos ser necessário dizer algo de outras coisas, como a alegria em Deus, a tranquilidade do ânimo, etc., porque a partir do que foi dito pode-se ver facilmente o que haveria a falar a respeito.

[2] Porém, como até aqui falamos de nosso amor a Deus, ainda nos falta ver se existe igualmente o amor de Deus por nós, isto é, se Deus também ama aos homens quando eles o amam. Primeiro dissemos que não se pode atribuir a Deus nenhum modo de pensar fora dos que existem nas criaturas, de maneira que não se pode dizer que Deus ama os homens e ainda menos que os deveria amar porque eles o amam, e os odiar porque eles o odeiam; pois nesse caso se deveria admitir que os homens fariam algo assim livremente, e que não dependeriam de uma causa primeira, o que já provamos ser falso. Ademais, isso também deveria causar em Deus uma grande variabilidade, porque não tendo precedentemente nem amado nem odiado, deveria começar a amar e a odiar, e a causa para isso seria algo exterior a ele, o que é o próprio absurdo.

[3] Todavia, se afirmamos que Deus não ama o homem, isso não deve ser entendido como se Deus o abandonasse (por assim dizer) a si mesmo, mas visto que o homem, junto com tudo que existe, é em Deus, e que Deus consiste nesse todo, então não pode haver propriamente amor de Deus por outra coisa, já que tudo consiste em uma coisa só, que é o próprio Deus.

[4] Daí segue que Deus não estabelece nenhuma lei para os homens a fim de recompensá-los quando obedecem e ela. Ou, para dizer mais claramente, as leis de Deus não são de tal natureza que seja possível transgredi-las. Pois as regras que Deus estabeleceu na Natureza, de acordo com as quais todas as coisas devêm e duram – se quisermos chamá-las de leis – são tais que jamais podem ser transgredidas: por exemplo, *que o mais fraco deve ceder ante o mais forte, que nenhuma causa pode produzir mais do que contém em si mesma*, e outras similares, que são de tal jaez que jamais mudam, jamais começam, mas tudo está ajustado e ordenado sob elas.

[5] E, para dizer brevemente algo sobre isto, todas as leis que não podem ser transgredidas são leis divinas. *Razão*: porque tudo quanto ocorre não é contra, mas conforme seu próprio decreto. Todas as leis que podem ser transgredidas são leis humanas. *Razão*: porque tudo quanto os homens decidem para o seu bem-estar, não segue que seja também para o bem-estar da Natureza inteira, mas, ao contrário, pode ser para a destruição de muitas outras coisas.

[6] Quando as leis da Natureza são mais poderosas, as leis dos homens são destruídas. As leis divinas são o fim último para o qual elas existem e não são subordinadas. Não são assim as leis humanas, pois embora os homens façam leis para o seu próprio bem-estar, e não tenham nenhum outro fim que o de por elas promover seu próprio bem-estar; contudo o fim que eles se propõem (estando subordinado a outro, que visa a um outro acima deles que lhes permite atuar deste modo como partes da Natureza) pode também servir para contribuir com as leis eternas, estabelecidas por Deus desde toda a eternidade, e ajudar, com todo o resto, a produzir a totalidade. Por exemplo, embora as abelhas, com todo o seu trabalho e a ordem ajustada que mantêm umas com as outras, não visem a outro fim que o de assegurar a provisão para o inverno, o homem, estando acima delas, tem um fim totalmente outro ao mantê-las e cuidar delas, a saber, obter mel para si mesmo. Igualmente o homem, enquanto é uma coisa particular, não tem um propósito mais abrangente do que aquilo que sua essência limitada pode alcançar; porém, enquanto ele é uma parte e instrumento da Natureza inteira, esse fim do homem não pode ser o fim último da

Natureza, porque esta é infinita e deve utilizar o homem como seu instrumento, do mesmo modo que a todo o resto.

[7] Tratamos até aqui da lei estabelecida por Deus. Agora é necessário observar que o homem percebe em si mesmo uma dupla lei – pelo menos o homem que utiliza bem o seu intelecto e chega ao conhecimento de Deus. Uma das leis tem como causa a comunidade do homem com Deus; a outra, a comunidade do homem com os modos da Natureza.

[8] Dessas, uma é necessária e a outra não. Com efeito, no que tange à lei que nasce da comunidade com Deus, visto que o homem não pode abandonar Deus, mas deve estar sempre necessariamente unido a Ele, então tem e sempre deve ter ante os olhos as leis segundo as quais deve viver para Deus e com Ele. Em compensação, a lei que nasce da comunidade com os modos da Natureza não é tão necessária, pois o homem pode se separar dos homens.

[9] Portanto, já que estabelecemos uma tal comunidade entre Deus e o homem, poder-se-ia perguntar com razão como Deus pode fazer-se conhecer ao homem, se tal conhecimento ocorre ou poderia ocorrer pronunciando palavras, ou então se Deus se dá a conhecer imediatamente, sem usar outra coisa pela qual o faria.

[10] Respondemos: jamais por palavras. Se assim fosse, o homem já deveria ter conhecido o significado dessas palavras antes que lhe fossem pronunciadas. Por exemplo, se Deus houvesse dito aos israelitas: *eu sou Jeová vosso Deus*, eles já deveriam ter sabido, sem as palavras, o que era Deus, antes que pudessem estar seguros de que era ele; pois sabiam naquele momento que a voz, o trovão e o relâmpago não eram Deus, ainda que a voz declarasse que ela era Deus. E o que dizemos das palavras, podemos dizê-lo também de todos os signos exteriores. Assim estimamos impossível que Deus possa fazer-se conhecer aos homens por meio de algum signo exterior.

[11] E estimamos desnecessário que isso acontecesse por alguma outra coisa que a essência de Deus e o intelecto do homem; pois como o que em nós deve conhecer a Deus é o *intelecto*, e este está unido a Deus tão imediatamente que sem ele não pode existir nem ser entendido, daí decorre irrefutavelmente que nenhuma coisa pode estar tão estreitamente unida ao intelecto como o próprio Deus.

[12] Também é impossível que se possa conhecer a Deus por alguma outra coisa:

1) porque tal coisa deveria ser-nos mais conhecida do que o próprio Deus, o que é abertamente contrário a tudo que demonstramos claramente até aqui, a saber, que Deus é causa tanto de nosso conhecimento quanto de toda essência, e que sem ele as coisas particulares não somente não podem existir, mas nem sequer ser entendidas.

2) porque jamais podemos chegar ao conhecimento de Deus por alguma outra coisa cuja essência é necessariamente limitada, ainda que nos fosse mais conhecida. Pois como poderíamos concluir uma coisa infinita e ilimitada a partir de uma coisa limitada?

[13] Pois embora observemos na Natureza alguns efeitos ou obras cuja causa nos é desconhecida, é-nos impossível daí concluir que, para produzir esse efeito, deve existir na Natureza uma coisa infinita e ilimitada. Pois como podemos saber se *muitas causas* colaboraram para produzi-lo ou apenas *uma única*? Quem nos dirá?

Por isso concluímos finalmente que Deus, para fazer-se conhecer aos homens, não pode nem precisa usar palavras, nem milagres, nem nenhuma outra coisa criada, mas somente *a si mesmo*.

Capítulo XXV: dos demônios

[1] Agora diremos brevemente algumas palavras acerca dos demônios, se existem ou não. Aqui estão:

Se o demônio é uma coisa totalmente contrária a Deus e não tem nada de Deus, então coincide com o *Nada*, do qual já falamos.

[2] Admitamos, com alguns, que existe uma coisa pensante que não quer nem faz absolutamente nenhum bem e se opõe totalmente a Deus; certamente é bem miserável, e se as orações pudessem ajudar, caberia orar para a sua conversão.

[3] Mas vejamos se uma coisa tão miserável poderia subsistir por um único instante. Fazendo isso, descobriremos de imediato que não, porque toda duração de uma coisa nasce de sua perfeição, e quanto mais essência e divindade elas têm, tanto mais subsistem. Como o demônio poderia subsistir se não tem em si a menor perfeição? Acrescentemos que a subsistência ou a duração no modo da coisa pensante só nasce pela união, causada pelo amor, que tal modo tem com Deus. Supondo-se nos demônios exatamente o contrário dessa união, é impossível que subsistam.

[4] Porém, se não há nenhuma necessidade de que se deva supor os demônios, por que então supô-los? Não precisamos, como outros, supor os demônios para encontrar as causas do ódio, da inveja, da ira e outras paixões semelhantes, pois já as encontramos suficientemente, sem recorrer a tais ficções.

Capítulo XXVI: da verdadeira liberdade, etc.

[1] Com o que foi dito antes, quisemos dar a conhecer não somente que não existem demônios, mas também que as causas (ou, melhor dizendo, o que chamamos de *pecados*) que nos impedem de alcançar a perfeição estão em nós mesmos.

[2] Também demonstramos, no que precede, de que maneira devemos alcançar nossa felicidade e como devem ser destruídas as paixões, tanto pela razão como pelo quarto modo de conhecimento. Não é que, como se diz comumente, devam ser dominadas antes que possamos chegar ao conhecimento e, por conseguinte, ao amor de Deus. Isso seria o mesmo que querer que o ignorante deva abandonar a ignorância antes de poder chegar ao conhecimento, ao passo que só o conhecimento é causa da destruição da ignorância, como se vê claramente pelo que dissemos. Por isso, também se deduz claramente do anterior que, sem a virtude ou (melhor dizendo) sem a direção do intelecto, tudo leva à ruína, sem que possamos gozar de nenhum repouso, como se vivêssemos fora do nosso elemento.

[3] Portanto, ainda que da força do conhecimento e do amor divino não seguisse para o intelecto um repouso eterno, como demonstramos, mas somente um temporário, ainda seria nosso dever procurá-lo, pois quando se goza dele não se quer trocá-lo por nenhuma outra coisa do mundo.

[4] Sendo assim, podemos com razão estimar como um grande absurdo o que dizem muitos que são tidos como grandes teólogos, a saber, que se do amor de Deus não seguisse nenhuma vida eterna, então buscariam

o que é melhor para eles, como se pudessem encontrar algo melhor do que Deus. E isso é tão insensato como se um peixe (para quem não há vida fora da água) dissesse: se dessa vida na água não segue a vida eterna, quero sair da água para a terra. Porém, que outra coisa nos podem dizer os que não conhecem a Deus?

[5] Assim, vemos que, para alcançar a verdade do que estabelecemos acerca de nossa salvação e repouso, não precisamos de nenhum outro princípio senão o de cuidar de nosso próprio benefício, o que é muito natural para todas as coisas. E porque experimentamos que, ao buscar os prazeres dos sentidos, a lascívia e as coisas mundanas, aí não ganhamos nossa salvação, mas nossa ruína, preferimos então a direção do nosso intelecto. Porém, como este não pode realizar avanços sem ter chegado antes ao conhecimento e ao amor de Deus, foi então altamente necessário buscar a Deus. E porque (segundo nossas reflexões e considerações precedentes) experimentamos que é o melhor de todos os bens, estamos obrigados a aí nos deter e repousar. Pois vimos que fora de Deus nada existe que possa nos dar alguma salvação; e que é uma verdadeira liberdade estar e permanecer atado pelas amáveis cadeias do seu amor.

[6] Por fim, vemos também que o raciocínio não é o mais importante em nós, mas somente como uma escada que nos permite nos elevarmos ao lugar almejado; ou como um bom espírito que, fora de toda falsidade e engano, nos anuncia o sumo bem a fim de despertar-nos para que o busquemos e nos unamos a ele, união que é nossa suprema salvação e felicidade.

[7] Para concluir esta obra, somente me resta apontar brevemente o que é a liberdade humana e em que consiste. Portanto, me servirei das seguintes proposições, que são certas e demonstradas:

1) quanto mais uma coisa tem de essência, tanto mais tem de atividade, e tanto menos de passividade. Pois é certo que o agente age pelo que tem, e o paciente padece pelo que não tem.

2) toda passividade, seja ela do não ser ao ser ou do ser ao não ser, deve se originar de um agente externo e não interno. Pois nenhuma coisa, considerada em si mesma, tem em si a causa para poder se destruir, se é, ou poder se fazer, se não é.

3) tudo que não é produzido por causas externas não pode ter nada em comum com elas e, por conseguinte, não pode ser alterado nem transformado por elas.

Da segunda proposição e da terceira extraio esta quarta:

4) nenhum efeito de uma causa interna ou imanente (o que para mim é o mesmo) pode perecer ou se alterar enquanto permaneça essa sua causa. Pois tal efeito, assim como não é produzido por causas externas, tampouco (pela terceira proposição) pode ser alterado por elas; e como nenhuma coisa pode ser destruída senão por causas externas, é impossível que esse efeito possa perecer enquanto dure a sua causa (pela segunda proposição).

5) a causa mais livre e a que melhor se conforma com Deus é a causa imanente, pois o efeito produzido por essa causa depende dela de tal maneira que sem ela não pode existir nem ser entendido, e também não está submetido a nenhuma outra causa. Ademais, está unido a ela de tal maneira que faz com ela um todo.

[8] Vejamos agora o que devemos concluir dessas proposições.

1) como a essência de Deus é infinita, ela tem uma atividade infinita e uma negação infinita da passividade (pela primeira proposição); por conseguinte, quanto mais as coisas, por terem mais essência, estão mais unidas a Deus, tanto mais têm também mais atividade e menos passividade, e tanto mais são livres de alteração e corrupção.

2) o verdadeiro intelecto jamais pode vir a perecer, pois (pela segunda proposição) ele não pode ter em si nenhuma causa para fazê-lo perecer. E como não provém de causas externas, mas de Deus, não pode sofrer da parte delas nenhuma alteração (pela terceira proposição). E como Deus o produziu imediatamente, sendo unicamente uma causa interna, segue necessariamente que o intelecto não pode perecer enquanto essa causa permanece (pela quarta proposição). Ora, essa sua causa é eterna, portanto ele o é também.

3) todos os efeitos do intelecto, que lhe estão unidos, são os mais excelentes de todos, e também devem ser estimados acima de todos os restantes. Pois, como são efeitos internos, são os mais excelentes de todos (pela quinta proposição); e além disso são necessariamente eternos porque sua causa é eterna.

4) todos os efeitos que produzimos fora de nós são tanto mais perfeitos quanto mais capazes são de unir-se a nós para formar conosco uma mesma natureza, porque assim se aproximam mais dos efeitos internos. Por exemplo, se eu ensino a meu próximo a amar a lascívia, a honra, a avareza, seja que eu também as ame ou não, de qualquer maneira sou golpeado e abatido, isso é claro. Porém não se o único fim que tento alcançar é o de poder fruir a união com Deus, produzir em mim ideias verdadeiras e fazer conhecer essas coisas a meus próximos. Porque todos podemos participar igualmente dessa salvação, como ocorre quando isso provoca no outro o mesmo desejo que em mim, fazendo assim com que sua vontade e a minha sejam uma e a mesma, e que formemos uma e a mesma natureza, sempre nos acordando em tudo.

[9] Por tudo que foi dito se pode conceber facilmente o que é a liberdade humana,[96] que eu assim defino: *é uma existência firme que nosso intelecto obtém por sua união imediata com Deus para produzir em si mesmo ideias e, fora de si mesmo, efeitos que concordem com sua natureza, sem que esses efeitos estejam submetidos a causas externas pelas quais eles possam ser alterados ou transformados.* Pelo que se disse, se vê também claramente quais são as coisas que estão em nosso poder e não estão submetidas a nenhuma causa externa; como também demonstramos, de uma maneira diferente da anterior, a duração eterna e constante de nosso intelecto, e finalmente quais são os efeitos que temos de estimar acima de todos os outros.

---

[96] A servidão de uma coisa é sua submissão às causas externas, a liberdade, ao contrário, significa não estar submetido a elas, mas delas ser libertado.

[CONCLUSÃO]

[10] Para concluir, resta-me apenas dizer algo aos amigos para quem escrevo: não vos assusteis com essas novidades, pois bem sabeis que uma coisa não deixa de ser verdadeira só porque muitos não a admitem. E como não desconheceis a disposição do século em que vivemos, rogo-vos encarecidamente que sejais muito cuidadosos na comunicação dessas coisas a outros. Não quero dizer que devais guardá-las inteiramente para vós, mas somente que, se começardes a comunicá-las a alguém, não tenhais outro propósito nem outros móveis que a salvação de vosso próximo, assegurando-vos junto a ele que vosso trabalho não seja em vão. Finalmente, se no curso da leitura encontrardes alguma dificuldade no que proponho como certo, peço-vos que não vos apresseis a refutá-lo antes de haver meditado com bastante tempo e ponderação; se o fizerdes, tenho por seguro que chegareis ao gozo dos frutos que essa árvore vos promete.

Apêndice: Demonstração geométrica

Axiomas

1. A substância, por sua natureza, é anterior a todos os seus acidentes (*modificationes*).

2. As coisas que são diversas se distinguem ou realmente, ou acidentalmente.

3. As coisas que se distinguem realmente ou têm atributos diversos, como o *pensamento* e a *extensão*, ou são referidas a atributos diversos, como o *intelecto* e o *movimento*, dos quais um pertence ao *pensamento* e o outro à *extensão*.

4. As coisas que têm atributos diversos, bem como as que pertencem a atributos diversos, não têm nada *uma da outra*.

5. Aquilo que não tem em si algo de uma outra coisa também não pode ser causa da existência dessa última.

6. Aquilo que é causa *de si mesmo*, é impossível que tenha limitado a si mesmo.

7. Aquilo pelo qual as coisas se distinguem é, por sua natureza, o primeiro (anterior) nessas coisas.

Proposição I

A nenhuma substância existente pode ser referido o mesmo atributo que é referido a outra substância; ou, o que é o mesmo, não podem existir na Natureza duas substâncias a menos que se distingam realmente.

Demonstração

Havendo duas substâncias, são diversas; por conseguinte, se distinguem (pelo axioma 2) ou realmente, ou acidentalmente; não se distinguem acidentalmente, pois então os acidentes seriam (pelo axioma 7), por sua natureza, anteriores à substância, o que é contrário ao axioma 1; portanto, se distinguem realmente e, por conseguinte (pelo axioma 4), não se pode afirmar de uma o que se afirma da outra. Como queríamos demonstrar.

Proposição II

Uma substância não pode ser causa da existência de outra substância.

Demonstração

Essa causa não poderia ter em si algo daquele efeito (pela proposição 1), pois a distinção entre eles é real, e, por conseguinte (pelo axioma 5), ela não pode produzi-la (a existência dela).

Proposição III

Todo atributo ou substância é, por sua natureza, infinito e sumamente perfeito em seu gênero.

Demonstração

Nenhuma substância é causada por outra (pela proposição 2); por conseguinte, se existe, ou é um atributo de Deus, ou foi uma causa de si mesma, fora de Deus. No primeiro caso, é necessariamente infinita e sumamente perfeita em seu gênero, como são todos os outros atributos de Deus. No segundo caso, também o é necessariamente, pois não poderia (pelo axioma 6) ter limitado a si mesma.

Proposição IV

À essência de toda substância pertence por natureza a existência, tanto que é impossível pôr em um intelecto infinito a ideia da essência de uma substância que não seja existente na Natureza.

Demonstração

A essência verdadeira de um objeto é algo realmente distinto da ideia desse objeto; e esse algo (pelo axioma 3) ou é realmente existente, ou está compreendido em outra coisa que é realmente existente, e da qual não se poderá distingui-lo realmente, mas só modalmente (*modaliter*). Assim são todas as essências das coisas que vemos e que antes, não sendo existentes, estavam contidas na extensão, movimento e repouso, e que, quando são existentes, não se distinguem da extensão realmente, mas só modalmente. Ademais, implica contradição que a essência de uma substância seja contida noutra coisa de tal maneira que, contrariamente à proposição 1, não poderia distinguir-se dela realmente; e também que, contrariamente à proposição 2, poderia ser produzida pelo sujeito que a conteria; e finalmente que não poderia ser, por natureza, infinita e sumamente perfeita em seu gênero, contrariamente à proposição 3. Logo, como sua essência não está contida em outra coisa, ela é uma coisa que existe por si.

Corolário

A Natureza é conhecida por si mesma, e não por alguma outra coisa. Ela consiste em atributos infinitos, cada um dos quais é infinito e perfeito em seu gênero; à sua essência pertence a existência, de sorte que fora dela não existe nenhuma essência ou ser, de modo que ela coincide exatamente com a essência de Deus, o único magnífico e bendito.

Da mente Humana

[1] Como o homem é uma coisa criada, finita, etc., é necessário que o que ele possui de pensamento e que denominamos mente seja uma modificação do atributo que chamamos de pensamento, sem que à sua essência pertença nenhuma outra coisa além dessa modificação, de tal maneira que, se desaparece essa modificação, a mente também é destruída, ainda que permaneça imutável o atributo mencionado.

[2] Da mesma maneira, o que o homem tem de extensão e que chamamos corpo não é mais que a modificação de outro atributo, que chamamos de extensão; igualmente, sendo destruída essa modificação, o corpo humano deixa de existir, ainda que permaneça imutável o *atributo* da extensão.

[3] Para entender o que é essa *modificação* que denominamos mente, como se origina do corpo, e também como sua mudança depende

(unicamente) do corpo (o que é, a meu juízo, a união da *mente* e do *corpo*), deve-se observar que:

1) a modificação mais imediata do atributo que denominamos pensamento contém em si objetivamente a essência formal de todas as coisas. De maneira que, se se propusesse alguma coisa formal cuja essência não estivesse objetivamente no atributo em questão, este não seria infinito e sumamente perfeito em seu gênero, o que contradiz o que foi demonstrado na terceira proposição.

[4] E como a *Natureza*, ou *Deus*, é um ser do qual se afirmam atributos infinitos e contém em si todas as essências das coisas criadas, é necessário que de tudo isso seja produzida no pensamento uma ideia infinita que contenha em si objetivamente a Natureza inteira, tal qual ela realmente é em si mesma.

[5] Cumpre observar que:

2) todas as restantes modificações, como o *amor*, o *desejo*, a *alegria*, etc. se originam dessa primeira modificação imediata, de maneira que, se ela não as precedesse, não poderiam existir o amor, o desejo, etc.

[6] Donde se conclui claramente que o amor natural que há em cada coisa para com a conservação de seu corpo (digo, a modificação) não pode ter outra origem que a ideia ou essência objetiva desse corpo, que está no *atributo* pensante.

[7] Ademais, como para a existência de uma ideia (ou essência objetiva) somente se requer o atributo pensante e o objeto (ou essência formal), o que dissemos é certo: a ideia ou *essência objetiva* é a modificação mais imediata[97] do atributo. Por conseguinte, no atributo pensante não pode dar-se nenhuma outra modificação que pertenceria à essência da mente de cada coisa senão a ideia que desta coisa, sendo esta existente, necessariamente deve estar no atributo pensante, pois tal ideia traz consigo as outras modificações de *amor, desejo*, etc. Agora, posto que a ideia provém da *existência* do objeto, se o objeto se altera ou é destruído, ele também deve alterar ou destruir a própria ideia na mesma medida, e, sendo assim, a ideia é aquilo que está unido ao objeto.

---

[97] Chamo modificação mais imediata do atributo aquela que, para ser existente, não precisa de nenhuma outra modificação no mesmo atributo.

[8] Por fim, se queremos ir mais longe e atribuir à essência da mente aquilo pelo que ela poderia ser existente, não se poderia achar nada mais que o *atributo* e o objeto que mencionamos. Porém nenhum dos dois pode pertencer à essência da mente, porque o objeto não tem nada do pensamento e é realmente distinto da mente. E quanto ao atributo, já demonstramos que não pode pertencer à essência referida, o que podemos ver mais claramente ainda pelo que foi dito em seguida, pois o atributo *enquanto atributo* não está unido ao objeto, visto que não é alterado nem destruído ainda que o objeto se altere ou se destrua.

[9] Logo, a essência da mente consiste unicamente na existência no atributo pensante de uma ideia ou essência objetiva que nasce da essência de um objeto que de fato é existente na Natureza. Digo *um objeto que é realmente existente*, etc., sem maior particularidade, para incluir não somente as modificações da extensão, mas também as modificações de todos os atributos infinitos, as quais, tanto quanto a extensão, têm uma mente.

[10] Para entender mais particularmente essa definição, deve-se ter em conta o que já disse ao falar dos atributos: que não se distinguem por sua existência,[98] pois eles mesmos são os sujeitos de suas essências; que a essência de cada uma das modificações está contida nos mencionados atributos; e finalmente que todos os atributos são *os atributos de um ser infinito*.

Por isso, no capítulo 9 da primeira parte, chamei essa *ideia uma criatura imediatamente criada por Deus*, visto que contém em si objetivamente a essência formal de todas as coisas, sem tirar nem pôr. E esta *ideia* é necessariamente única, porque todas as essências dos atributos, e as essências das modificações contidas nestes atributos, são a essência de *um só ser infinito*.

[11] Resta-nos, todavia, observar que essas modificações, enquanto nenhuma delas é real, estão contudo igualmente contidas em seus atributos. E porque não há nenhuma desigualdade nos atributos, e tampouco nas *essências das modificações*, não pode haver na Ideia nenhuma particularidade,

---

[98] Porque as coisas se distinguem pelo que é primeiro em sua natureza; ora, essa essência das coisas é anterior à existência, *logo*.

visto que elas não estão na Natureza. Porém, se alguns desses modos revestem sua existência particular e por ela se distinguem de alguma maneira de seus atributos (porque então a existência particular que têm no atributo é o sujeito de sua essência), então revela-se uma particularidade nas essências das modificações e, por conseguinte, nas suas essências objetivas, que estão necessariamente contidas na *Ideia*.

[12] Por isso empregamos na definição essas palavras: *a ideia nasce de um objeto que é existente na Natureza*. Com isso estimamos ter esclarecido suficientemente que tipo de coisa é a mente em geral, entenda-se, não somente as ideias que nascem das modificações corporais mas também as que nascem da existência de cada modificação dos outros atributos.

[13] Mas como não temos dos outros atributos um conhecimento similar ao que possuímos da *extensão*, vejamos se podemos, considerando as modificações da extensão, encontrar uma definição mais particular e que seja mais apropriada para expressar a essência de nossa mente, pois este é nosso verdadeiro propósito.

[14] Para tanto, suporemos como demonstrado que na extensão não há nenhuma outra modificação além do movimento e do repouso, e que cada coisa corpórea particular não é outro senão uma certa proporção de movimento e repouso, de maneira que se na extensão não houvesse nada além de puro movimento, ou puro repouso, então em toda a extensão não se poderia indicar nem poderia existir alguma coisa particular. Portanto, o corpo humano não é outro senão uma certa proporção de movimento e repouso.

[15] A essência objetiva dessa proporção existente e que está no atributo pensante, dizemos que é a mente do corpo. Assim, se uma dessas modificações (o repouso ou o movimento) se altera para mais ou para menos, também a ideia se altera na mesma medida; por exemplo, se o repouso vem a aumentar e o movimento a diminuir, assim é causada a dor ou tristeza que denominamos frio. Pelo contrário, se o movimento é que cresce, assim é causada a dor que denominamos calor.

[16] Assim, quando os graus de movimento e repouso não são os mesmos em todas as partes de nosso corpo, mas algumas têm mais movimento e repouso que outras, daí se origina a diversidade de

sensação (donde nascem as diversas maneiras de dor que sentimos quando nos golpeiam os olhos ou as mãos com um pau). E quando as causas externas que provocam essas mudanças são diferentes e não têm todas o mesmo efeito, daí se origina a diversidade de sensação em uma só e mesma parte (donde nasce a diferença de sensação se a mesma mão nos golpeia com madeira ou com ferro). Por outra parte, se a mudança que ocorre em uma parte é causa de que ela retorne à sua primeira proporção, daí se origina a alegria que denominamos repouso, exercício agradável e contentamento.

[17] Finalmente, como já explicamos o que é a sensação, podemos ver facilmente como daí vem a surgir uma ideia reflexiva ou o conhecimento de si mesmo, a experiência e o raciocínio. E a partir de tudo isso (como também porque nossa mente está unida com Deus e é uma parte da ideia infinita, que nasce imediatamente dele) podemos ver claramente a origem do conhecimento claro e da imortalidade da mente. Porém já dissemos bastante por agora.

Breve compêndio do tratado de Baruch de Espinosa, de Deus, do homem e do seu bem-estar

BREVE COMPÊNDIO[99]

do tratado de Baruch de Espinosa, de Deus, do homem e do seu bem-estar.
Constituído de duas partes seguidas de um apêndice.

Johannes Monnikhoff

A *primeira parte* consiste em um tratado sobre a natureza da substância ou sobre a essência de Deus e sobre quais atributos lhe pertencem e dela devem ser afirmados. Mas, para que possamos acuradamente entender tanto o seu conteúdo quanto o da segunda parte, não será inútil que façamos uma introdução a esta e à seguinte.[100]

---

[99] Esta tradução do *Breve compêndio* foi feita a partir da versão original holandesa do *Korte Schetz*, denominada por Mignini como *Compêndio σ* – publicada pela primeira vez na edição crítica de Filippo Mignini do *Korte Verhandeling* de 1986 –, comparada com a outra versão holandesa, publicada por Carl Gebhardt (*Spinoza Opera*), denominada por Mignini de *Compêndio χ*. Trata-se do manuscrito encontrado por Eduardus Boehmer, professor na Universidade de Halle, que o descobriu por acaso num exemplar holandês da *Vida de Spinoza* por Colerus, comprado num livreiro de Amsterdã, Frederik Muller (PRÉPOSIET, Jean. *Bibliographie spinoziste*. Besançon: Faculté des Lettres et Sciences Humaines, p. 178-179, 1973), que desde 1852, quando Boehmer a publicou pela primeira vez, vinha a ser a única publicada até a edição crítica de Mignini. Nosso texto foi cotejado com as traduções para o italiano e para o espanhol, realizadas pelo próprio Mignini (SPINOZA, Benedictus de. *Korte Verhandeling, van God, de Mensch, en deszelvs Welstand. Breve Trattato su Dio, l'uomo e il suo bene*. Introduzione, edizione, traduzione e commento di Filippo Mignini. L'Aquila: Japadre Editore, 1986) e por Atilano Domínguez (DOMÍNGUEZ, Atilano. *Spinoza: Tratado Breve*. Traducción, prólogo y notas de Atilano Domínguez. Madri: Alianza, 1990), que também utilizou o *Compêndio σ*, respectivamente. Também cotejamos com as traduções francesas de Charles Appuhn e Madeleine Francès, que utilizaram o *Compêndio χ*. (N.T.)

[100] Este parágrafo se encontra somente no *Compêndio σ*. O *Compêndio χ* se inicia com a seguinte frase: *Het eerste Deel deezer Verhandeling is in 10 Capittelen onderdeeld*. (Tradução: A primeira Parte deste Tratado está dividida em 10 Capítulos). (N.T.)

No *capítulo primeiro*, seu autor mostra que tem em si uma ideia de Deus, segundo a qual o define como um ser que consiste em infinitos atributos, cada um dos quais é infinitamente perfeito em seu gênero. Donde conclui que a existência pertence absolutamente à sua essência ou que Deus existe necessariamente.

Mas, para descobrir ulteriormente quais perfeições pertencem em particular à natureza e à essência divina ou são contidas nela, no *capítulo segundo* ele passa a considerar a natureza da substância. Ele busca demonstrar que é necessariamente infinita e, por consequência, que uma não pode ser produzida por outra, e que não pode existir realmente mais do que uma da mesma natureza; que à única substância infinita (designada por ele com o nome de Deus) pertence tudo o que existe; que a natureza pensante e a natureza extensa são dois de seus infinitos atributos, cada um dos quais é sumamente perfeito e infinito em seu gênero; e que, por isso mesmo, todas as coisas particulares finitas e limitadas (como se explica a seguir), como as mentes e os corpos humanos, etc., devem ser compreendidas como seus modos, pelos quais os atributos, e, por estes, a substância ou Deus é expressa de infinitas maneiras. Após ter finalmente insistido em tudo isso com mais detalhes e tê-lo mais amplamente tratado sob a forma de *Diálogos*, deduz daí, no *capítulo terceiro*, de que maneira Deus é a causa das coisas, isto é, uma causa imanente, etc.

Porém, para averiguar quais são, a seu juízo, os atributos essenciais a Deus, passa ao *capítulo quarto*, no qual sustenta que Deus é causa necessária de todas as coisas, cuja natureza tão pouco poderia ser diversa daquela já constituída, ou haver sido causada por Deus de outra forma ou em outra ordem, quanto seria possível que Deus tivesse uma natureza ou essência diversa da que pertence à sua existência real e infinita. (Não é de admirar, já que as criaturas, segundo a opinião de Espinosa, pertencem à natureza de Deus e, sendo idênticas a ela na proporção de seu ser, expressam-na também na mesma medida). E esta assim denominada causação, ou necessidade das coisas de existir e de agir, leva aqui o nome de primeiro atributo de Deus.

Em seguida, no *capítulo quinto*, é introduzido como segundo atributo de Deus aquele *conatus* pelo qual o autor sustenta que a Natureza inteira e, por consequência, cada parte em particular, tende a conservar seu estado e seu ser. Tal *conatus*, enquanto se estende a todo o conjunto das coisas, recebe o nome de *providência universal de Deus*; mas, enquanto é atribuído a cada coisa particular em si mesma, sem considerar as outras partes da Natureza, leva o nome de *providência particular de Deus*.

Em seguida, apresenta no *capítulo sexto, como* terceiro atributo de Deus, a predestinação ou sua predeterminação, que se estende à Natureza inteira e a cada coisa em particular, e exclui toda contingência. Fundamenta-se principalmente no capítulo quarto, porque tendo estabelecido, segundo o seu princípio fundamental, que o universo (por ele chamado de Deus) é necessário seja quanto à essência, seja quanto à existência, e que lhe pertence tudo o que existe, segue-se desse falso princípio[101] a conclusão inevitável de que nele não pode ocorrer nada de contingente. Tendo em seguida manifestado suas ideias sobre as verdadeiras razões do mal, do pecado, do erro, etc., para refutar as objeções levantadas, conclui sobre isso e passa ao *capítulo sétimo*, no qual são enumerados aqueles atributos de Deus que ele admite somente como relativos e não como próprios, ou ainda como denominações de seus atributos essenciais. Nessa ocasião são brevemente examinadas e refutadas as opiniões que, com base nos mesmos atributos, os peripatéticos forjaram e apresentaram sobre a natureza da definição de Deus e a demonstração de sua existência.

Mas para que essa diferença que existe, segundo a opinião do autor, entre a Natureza naturante e a Natureza naturada, seja compreendida claramente, ele a expõe brevemente nos *capítulos oitavo e nono*.

Após o que, no *capítulo décimo*, da mesma maneira que no capítulo sexto, demonstra-se que os homens, depois de ter forjado certas ideias gerais e a elas ter reduzido e comparado as coisas, chegam a formar assim o conceito de bem e de mal; chamando boas as coisas enquanto concordam com essa ideia geral, e más as coisas enquanto dela se diferenciam e não concordam com ela. De maneira que bem ou mal não são mais do que entes de razão ou modos de pensar.

---

[101] No original holandês: *valsche grond* (**Compêndio** σ e χ). Considerar falso o princípio *segundo o qual o universo é necessário quanto à essência e quanto à existência*, significa para Appuhn uma demonstração de que o autor do *Korte Schetz* rejeita a doutrina de Espinosa. (N.T.)

E, com isso, termina a primeira parte deste Tratado.

Na *segunda parte,* Espinosa expõe seus pensamentos sobre a condição do homem, a saber, como está submetido às paixões e é escravo delas; em seguida, até onde e em qual sentido se estende o uso de sua razão e através de quais meios o homem é guiado à sua própria salvação e perfeita liberdade.

Depois de, no *prefácio* desta parte, ter falado brevemente sobre a natureza do homem, trata no *primeiro capítulo* dos tipos particulares de conhecimento ou compreensão, e de como no homem eles se engendram e nascem de quatro maneiras, a saber: 1. por ouvir dizer, ou algum relato; 2. por simples experiência; 3. pela boa e pura razão, ou pela verdadeira crença; e finalmente, 4. por gozo interior e pela clara intuição das coisas mesmas. Tudo isso é aclarado por um exemplo tomado da regra de três.

Para agora conceber clara e distintamente os efeitos desses quatro tipos de conhecimento, no *segundo capítulo*, previamente é dada sua definição e depois os efeitos de cada um em particular: como efeitos do primeiro e do segundo tipo de conhecimento, assinalam-se as paixões que são contrárias à reta razão; do terceiro tipo, os desejos bons; e do quarto tipo, o amor autêntico com todos os seus resultados.

Em primeiro lugar, no *capítulo terceiro*, trata-se então das paixões que se originam do primeiro e do segundo tipos de conhecimento, isto é, da opinião; tais como a admiração, o amor, o ódio e o desejo.

Em seguida, no *capítulo quarto,* é mostrado qual é o uso do terceiro tipo de conhecimento para o homem: descobrir-lhe como tem que viver segundo o verdadeiro ditame da razão e, por isso, despertá-lo para abraçar aquilo que é o único digno de ser amado; assim como a discernir e a separar as paixões originárias da opinião; e, a partir daí, adverti-lo em que medida tem que segui-las ou evitá-las. E, para ajustar esse uso da razão a algo mais particular, trata nosso autor,

No *capítulo quinto*, do amor.

No *capítulo sexto*, do ódio e da aversão.

No *capítulo sétimo*, do desejo, da alegria e da tristeza.

No *capítulo oitavo,* da estima e desprezo; da humildade e nobreza; da soberba e da auto-humilhação.

No *capítulo nono,* da esperança e medo; da segurança e desespero; da flutuação, coragem, audácia e emulação; da pusilanimidade e consternação; e finalmente, dos ciúmes.

No *capítulo décimo*, do remorso e arrependimento.

No *capítulo décimo primeiro*, da zombaria e gracejo.

No *capítulo décimo segundo*, da honra, vergonha e despudor.

No *capítulo décimo terceiro*, do apreço, gratidão e ingratidão.

E por último, no *capítulo décimo quarto*, do pesar.

Tendo exposto, com isso, o que em sua opinião teria que assinalar sobre as paixões, ele passa ao *capítulo décimo quinto*, no qual o último efeito, ou seja, o [efeito] da verdadeira crença ou do terceiro tipo de conhecimento, é introduzido como meio pelo qual o verdadeiro é separado do falso e a nós se torna conhecido.

Tendo Espinosa descoberto o que são, sob seu ponto de vista, o bem e o mal, a verdade e a falsidade, como também em que consiste o bem-estar de um homem perfeito, observa que é preciso investigar se nós chegamos a tal bem-estar livremente ou necessariamente.

Para isso, ele mostra no *capítulo décimo sexto* o que a vontade é, afirmando que ela não é de modo algum livre, mas que nós somos determinados em todos os aspectos, por causas externas, a querer, afirmar ou negar isto ou aquilo.

Mas, para que não se confunda a vontade com o desejo, indica sua diferença no *capítulo décimo sétimo*. E, à semelhança do intelecto e da vontade, avalia ele que também o desejo não é livre; mas compreende que todo e qualquer desejo, assim como esta ou aquela volição, são determinados por causas externas.

E, para instar o leitor a abraçar o precedente, estende-se assim, em particular, no *capítulo décimo oitavo*, expondo todas as vantagens que, a seu juízo, aí se encontram encerradas.

Contudo, se o homem agora, pela chamada crença ou terceiro tipo de conhecimento, pode ser conduzido ao gozo do sumo bem e ao mais alto grau de felicidade, e a se livrar das paixões na medida em que elas são más, então nosso autor investiga nos *capítulos décimo nono* e *vigésimo*, tanto quanto concerne ao último [livrar-se das paixões], como a mente está unida ao corpo, do qual recebe várias afecções, as quais, compreendidas por ela sob a forma do bem ou do mal, são consideradas como a causa de todas as paixões, por diversas que sejam.

E dado que semelhantes opiniões, pelas quais compreendemos as acima citadas afecções do corpo como boas ou más, e que, por conseguinte, dão origem às paixões, segundo o primeiro capítulo [desta parte], são fundadas no primeiro tipo de conhecimento, sobre o ouvir dizer ou algum outro sinal exterior; ou no segundo tipo de conhecimento, sobre alguma experiência própria; então, no *capítulo vigésimo primeiro*, ele se convence de que, como aquilo que encontramos em nós mesmos tem mais poder sobre nós do que aquilo que vem de fora, então a razão pode bem ser a causa da destruição daquelas opiniões que recebemos somente através do primeiro tipo de conhecimento, visto que a razão não nos foi dada, como estas, do exterior; mas nunca daquelas que adquirimos através do segundo tipo de conhecimento; pois o que gozamos em nós não pode ser vencido por algo poderoso que somente contemplemos pela razão e que seja exterior a nós.

Visto que a razão ou o terceiro tipo de conhecimento não tem nenhum poder para nos levar ao nosso bem-estar, ou para vencer as paixões que procedem do segundo tipo de conhecimento, assim passa Espinosa, no *capítulo vigésimo segundo*, à descoberta do que pode ser o verdadeiro meio para isso. Ora, como Deus é o bem supremo, que pode ser conhecido e possuído pela mente, então conclui ele que, se nós logramos chegar alguma vez a uma união [com Deus] – ou conhecimento e amor – tão profunda como aquela que gozamos com o corpo e recebemos por meio dele, que não deriva de raciocínios, mas consiste no gozo interior e numa união imediata com o ser de Deus, então, nós teremos alcançado, através do quarto tipo de conhecimento, nossa suprema salvação e felicidade. E, por conseguinte, este último tipo de conhecimento mencionado aqui não é somente necessário, mas é o único meio. E, como dele surgem em nós efeitos excelentes e uma constante estabilidade naqueles que dele desfrutam, [o autor] dá a isso o nome de renascimento.

Agora, como a mente humana é – segundo o autor –, a ideia, no ser pensante, de certa coisa, com a qual a mente está unida através desta ideia, ele conclui no *capítulo vigésimo terceiro* que sua estabilidade ou mutabilidade deve ser avaliada conforme a natureza da coisa da qual ela é ideia. E, por consequência, se a mente consiste somente na união com uma coisa temporal e submetida à mudança (como é o corpo), necessariamente deve padecer e perecer junto com ela. Ao contrário, ela estará livre de toda paixão e deverá participar da imortalidade, caso sua união se dê com uma coisa cuja natureza é eterna e imutável.

Mas, para não deixar passar nada que mereça algum comentário no que concerne a isso, nosso autor investiga, no *capítulo vigésimo quarto*, se o amor do homem a Deus é recíproco, isto é, se também envolve que Deus ama ou quer bem ao homem. Uma vez rechaçado isso, a seguir explica ele, conforme sua doutrina precedente, o que são as leis divinas e as leis humanas. Depois, refuta as opiniões dos que sustentam que Deus se faria manifesto e conhecido aos homens através de alguma coisa distinta de sua própria essência, a saber, como por uma coisa finita e determinada ou através de algum sinal externo, sejam eles palavras ou milagres.

E porque, segundo seu sentimento, a duração de uma coisa depende de sua própria perfeição ou de sua união com alguma coisa de natureza mais perfeita, ele nega, no *capítulo vigésimo quinto*, que o demônio exista, já que considera que tal coisa não pode ter essência ou existência, pois, tal como é definido, ao demônio falta toda perfeição ou união com ela.

Assim, com a exclusão do demônio ou sem necessitar dele para nada, uma vez que deduziu as paixões somente da consideração da natureza humana e, tendo indicado, ao mesmo tempo, o meio pelo qual são domadas e pode ser alcançada a suprema salvação do gênero humano, Espinosa prossegue ao assinalar, no *capítulo vigésimo sexto*, em que consiste a verdadeira liberdade do homem, que decorre do quarto tipo de conhecimento. E, para isso, introduz as proposições seguintes:

1. Quanto mais essência tem uma coisa, tanto mais atividade e menos passividade possui.
2. Toda passividade procede, não de uma causa interna, mas sim externa.
3. Tudo aquilo que não tenha sido produzido por uma causa externa, não tem nada em comum com ela. E daí deduz que:
4. O efeito de uma causa imanente não pode mudar nem perecer enquanto dure a causa.
5. A causa mais livre de todas e a que, a seu juízo, melhor convém a Deus, é a causa imanente.

E dessas proposições ele deriva ainda as seguintes:

1. A essência de Deus tem uma atividade infinita e implica a negação de toda passividade; por conseguinte, aquilo que se une com ela participa, assim, de sua atividade, e está livre de toda passividade e corrupção.

2. O verdadeiro intelecto não pode perecer.

3. Todos os efeitos do intelecto verdadeiro, unidos com ele, são os mais excelentes e, juntamente com sua causa, necessariamente eternos.

4. Finalmente, todos os efeitos externos produzidos por nós são tanto mais perfeitos quanto mais podem unir-se a nós.

De tudo isso ele conclui que a liberdade humana consiste em uma existência firme que possui nosso intelecto pela união imediata com Deus. Em consequência, nem ele, nem seus efeitos estão submetidos a nenhuma causa externa nem podem por ela ser diminuídos ou alterados, e ele deve, portanto, persistir por uma duração eterna e estável. E com isto conclui o autor esta segunda e última parte.

Ainda lhe acrescentou, como *apêndice*, um esboço sobre a natureza da substância, que está composto em forma geométrica. Contém, ademais, uma investigação sobre a natureza da mente humana e sua união com o corpo.

Assim Espinosa termina este seu tratado, do qual tão só nos resta acrescentar que o tenha provido, em muitas passagens, de notas para desenvolver ou aclarar mais algumas coisas, e que o escreveu em latim, do qual foi traduzido para o neerlandês, tal como segue em continuação.

Glossário da tradução

Ação= werk, werking

Acidente = toeval

Admiração = verwondering

Afecção = aandoening

Afirmar = bevestigen

Alegria = blydschap

Amor = liefde

Apetite= lust

Apreço = gunst

Arrependimento = berouw

Atividade = doening

Atributo = eigenschap

Audácia = stoutheid

Aversão = afkeer

Bem = goet

Bem-estar = welstand

Causa = oorzaak

Ciúme = belzugt

Coisa = ding, zaak

Comiseração= erbarmen

Compreender = bevatten, begrippen

Compreensão = inziening

Conatus (esforço) = poginge

Conceber = begrippen

Concordar (acordar) = overeenkomen

Concupiscência = begeerlykheid

Conhecimento = kennisse

Consternação = verwaartheid

Contemplar = beschouwen

Contingente = gebeurlyk

Contrário = streidig

Corpo = lichaam

Crença = geloof

Criatura = schepzel

Definição = beschryving

Demônio = duyvel

Demonstrar = bewyzen

Desejo = begeerte

Desespero = wanhoop

Desprezo = versmading

Despudor = onbeschaamtheid

Destruir = vernietigen

Determinado = bepaald

Distinto = onderscheyde

Diverso = verscheyde

Duração = duuring

Efeito = uytwerking, gevrogt

Emulação = volghyver

Ente de razão = wezen van reden

Entender = verstaan

Erro = verwarring, dooling

Esperança = hoop

Essência = wezen, wezentheid

Estima = achting

Eterno/eternidade = eeuwig/
eeuwigheid

Existe = er is

Existência = bestaan, wezentlykheid

Experiência = ondervinding,
bevinding

Exprimir = uytdrukken

Extensão= uytgebreidheid

Falsidade = valsheid

Felicidade = gelukzaligheid

Ficção/forjar = verzieringe/verzieren

Finito/infinito = eindig/oneindig

Flutuação = wankelmoedigheid

Forma= gestalt

Gênero = geslagt

Gracejo = boerterye

Gratidão/ingratidão = dankbaarheid/
ondankbaarheid

Honra = eere

Humildade = nedrigheid

Ideia = denkbeeld, Idea

Imanente = inblyvende

Imortalidade = onsterfelykheid

Intelecto (entendimento) = verstand

Intuição = deurzigtheid

Inveja = nyt

Ira: toornigheid/toorn

Lei = wet

Liberdade = vryheid

Limitado/ilimitado = bepaald/
onbepaald

Mal = kwaad

Medo = vreeze

Mente (alma) = ziel

Modo = wyze

Mostrar = vertoonen

Movimento = beweging

Natureza = natuur

Necessário/necessariamente =
noodzakelyk

Negar = ontkennen

Nobreza = edelmoedigheid

Objeto = voorwerp

Ódio = haat

Opinião = waan

Paixão = hartstogt, lyding, passie

Passividade = Lyding

Pecado = zonde

Pensamento= denking

Perceber = gewaar worden

Percepção = bevatting

Perecível = vorgankelyk

Perfeito/perfeição = volmaakt/
volmaaktheid

Pertencer = behooren

Perturbação= ontsteltenisse/
ontroering

Pesar = beklag

Poder = magt

Possível/impossível = mogelyk/onmogelyk

Potência = mogentheid, mogelykheid

Predestinação = praedestinatie

Proporcionalidade = gelykmatigheid

Providência = voorzienigheid

Pusilanimidade = flaauwmoedigheid

Razão = reden

Religião = godsdienst

Remorso = knaging

Renascimento = wedergeboorte

Repouso = ruste

Representação = verbeelding, reprezentatie

Ruína (corrupção) = verderf

Salvação = heil

Segurança = verzeekertheid

Sensação = gevoel

Sentimento = tocht

(o) ser = wezen

Ser = zyn

Soberba = verwaantheid

Substância = zelfstandigheid

Tristeza = droegheid

União = vereeniging

Universal = algemeen

Utilidade= nut/nuttigheid

Verdade = waarheid

Vergonha = beschaamtheid

Virtude = deugd

Volição = willinge

Vontade = wil

Zombaria = bespotting

Este livro foi composto com tipografia Bembo e impresso
em papel Off-White 80 g/m² na Gráfica Rede.